Introdução à economia
política: o percurso histórico
de uma ciência social

O selo DIALÓGICA da Editora InterSaberes faz referência às publicações que privilegiam uma linguagem na qual o autor dialoga com o leitor por meio de recursos textuais e visuais, o que torna o conteúdo muito mais dinâmico. São livros que criam um ambiente de interação com o leitor – seu universo cultural, social e de elaboração de conhecimentos –, possibilitando um real processo de interlocução para que a comunicação se efetive.

Introdução à economia política: o percurso histórico de uma ciência social

Felipe Calabrez

EDITORA intersaberes

EDITORA intersaberes

Rua Clara Vendramin, 58 . Mossunguê . CEP 81200-170 . Curitiba . PR . Brasil
Fone: (41) 2106-4170 . www.intersaberes.com . editora@editoraintersaberes.com.br

Conselho editorial
   Dr. Ivo José Both (presidente)
   Dr.ª Elena Godoy
   Dr. Neri dos Santos
   Dr. Ulf Gregor Baranow

Editora-chefe
   Lindsay Azambuja

Supervisora editorial
   Ariadne Nunes Wenger

Analista editorial
   Ariel Martins

Preparação de originais
   Julio Cesar Camillo Dias Filho

Edição de texto
   Fábia Mariela de Biasi

Capa
   Débora Cristina Gipiela
   Kochani (*design*)
   Brandon Bourdages/
   Shutterstock (imagens)

Projeto gráfico
   Bruno de Oliveira

Diagramação
   Estúdio Nótua

Equipe de design
   Iná Trigo
   Sílvio Gabriel Spannenberg

Iconografia
   Celia Kikue Suzuki
   Regina Claudia Cruz Prestes

Dados Internacionais de Catalogação na Publicação (CIP)
(Câmara Brasileira do Livro, SP, Brasil)

Calabrez, Felipe
   Introdução à economia política: o percurso histórico de uma ciência social/Felipe Calabrez. Curitiba: InterSaberes, 2020.

   Bibliografia.
   ISBN 978-85-227-0202-2

   1. Desenvolvimento econômico 2. Economia 3. Economia política 4. História econômica I. Título.

19-30680   CDD-330

Índices para catálogo sistemático:
1. Economia política   330

   Cibele Maria Dias – Bibliotecária – CRB-8/9427

1ª edição, 2020.

Foi feito o depósito legal.

Informamos que é de inteira responsabilidade do autor a emissão de conceitos.

Nenhuma parte desta publicação poderá ser reproduzida por qualquer meio ou forma sem a prévia autorização da Editora InterSaberes.

A violação dos direitos autorais é crime estabelecido na Lei n. 9.610/1998 e punido pelo art. 184 do Código Penal.

Sumário

13 *Prefácio*

17 *Apresentação*

23 *Como aproveitar ao máximo este livro*

Capítulo 1
27 **As condições históricas originais da economia política**

(1.1)
30 Desenvolvimento das ideias e construção de uma ciência

(1.2)
36 Processo histórico: desagregação do feudalismo

(1.3)
44 Mercantilismo

(1.4)
53 A cisão entre os tipos de análise econômica

Capítulo 2
59 O liberalismo e suas vertentes no século XIX: economia política clássica

(2.1)
61 A fisiocracia e os fisiocratas

(2.2)
65 Uma nova teoria/filosofia social: raízes do liberalismo econômico nos fisiocratas e em Adam Smith

(2.3)
72 A origem da riqueza: Smith e a teoria do valor-trabalho

(2.4)
79 Teoria do valor-trabalho em David Ricardo: valor como tempo de trabalho incorporado à mercadoria

(2.5)
86 Utilitarismo e visão subjetiva do valor: a teoria do valor-utilidade

Capítulo 3
97 Marx e o marxismo

(3.1)
100 Materialismo histórico-dialético e alienação do trabalho

(3.2)
104 Economia política: um caminho lógico

(3.3)
111 Dinâmica do sistema capitalista

(3.4)
119 Marxismo, Estado e política: bases para a transformação socioeconômica

Capítulo 4
127 **Keynes, Schumpeter, Friedman, Hayek e o pós-guerra**

(4.1)
133 Teoria (neo)clássica e a insurgência de Keynes

(4.2)
140 Aspectos da teoria keynesiana e o advento da macroeconomia

(4.3)
149 Keynes e a política

(4.4)
151 Schumpeter e o espírito do capitalismo

(4.5)
156 Friedrich Hayek, Milton Friedman e o neoliberalismo

(4.5)
166 O capitalismo no pós-guerra

Capítulo 5
175 Economia política do desenvolvimento: teorias e práticas

(5.1)
180 Abordagens sobre o desenvolvimento econômico

(5.2)
197 Capitalismo em movimento: Estado e mercado

(5.3)
212 Capitalismo, Estado e mercado: afinidades (s)eletivas

Capítulo 6
219 Política e economia: elementos para um debate

(6.1)
221 O lugar dos valores na ciência

(6.2)
224 Uma crítica à visão clássica da sociedade como mercado

(6.3)
227 O papel da política e da ciência

(6.4)
234 Ciência econômica e democracia hoje: por um retorno à economia política

243 *Para concluir...*
247 *Referências*
257 *Respostas*
265 *Sobre o autor*

Ao Grupo Estudos em Teoria Política (Getepol),
da Universidade Estadual de Londrina (UEL).

Contra a escola idealista, que diria: nós inventamos o real; contra a escola realista, que diria: nós nos submetemos ao real – a análise do pensamento científico vos responde: "nós escolhemos o real".

(J. Ullmo, citado por Barre, 1964, p. 18)

Prefácio

Economia política é o antigo nome que os grandes economistas clássicos – Adam Smith, Malthus, Ricardo e Marx – deram a essa ciência porque sabiam muito bem que a coordenação de um sistema econômico se faz por duas grandes instituições – o Estado e o mercado, o primeiro define as normas gerais da sociedade, inclusive aquelas que garantem o bom funcionamento do mercado, e o segundo coordena automaticamente os setores econômicos que sejam competitivos. A economia política firmou-se logo como uma grande ciência social, uma vez que nos permitiu entender como funcionam as sociedades capitalistas. Era, entretanto, uma ciência muito marcada pela ideologia, ou pelos valores, como Marx compreendeu bem. Tanto servia para legitimar as economias de mercado quanto para criticá-las.

No final do século XIX, os economistas utilitaristas ou neoclássicos acreditaram que poderiam eliminar essa "contaminação" política da teoria econômica – torná-la algo puramente técnico e matemático – e mudaram seu nome não para *economia* mas para *economics* – uma palavra que não tem um correspondente específico em português. Pensaram que estavam dando um grande passo adiante, que estavam livrando da ideologia a economia política. Na verdade, desconectaram-na da realidade e a tornaram ainda mais ideológica do que já era:

a transformaram em um mero instrumento de legitimação do liberalismo econômico e dos interesses dos capitalistas e dos financistas.

Neste livro introdutório – muito inteligente e bem pensado –, Felipe Calabrez não comete esse erro. Ele escolhe permanecer com a economia política – com as grandes ideias que explicam a estabilidade e as crises, o desenvolvimento econômico e a estagnação secular das sociedades capitalistas. E faz isso de maneira muito clara e, ao mesmo tempo, muito pessoal.

A abordagem de Calabrez é, naturalmente, histórica. A economia política foi originalmente uma economia dos britânicos e dos franceses, porque foram a Inglaterra e a França os primeiros países que se industrializaram, desenvolveram-se e tornaram-se sociedades capitalistas ainda no século XVIII. Depois, os demais países ricos que se desenvolveram no século XIX, principalmente os Estados Unidos, também deram suas contribuições. No século XX, surgiram, de um lado, a revolução keynesiana e sua macroeconomia, que deram nova dimensão à economia política, e, de outro, a teoria política democrática, cujo pioneiro foi Joseph Schumpeter. E, no pós-Segunda Guerra Mundial, surgiu a teoria do desenvolvimento econômico, voltada para explicar o atraso dos "países em desenvolvimento" e procurar encontrar políticas para enfrentar o problema. Foi quando apareceram as primeiras contribuições de economistas latino-americanos, como Raúl Prebisch e Celso Furtado. No começo do século XXI, finalmente, diante do fato de que entre os países em desenvolvimento apenas aqueles do leste da Ásia, como Japão, Coreia do Sul e Taiwan, lograram transformar-se em países ricos, ao passo que os demais países ficaram para trás. Surge, então, uma última escola de economia política – o novo-desenvolvimentismo – com o qual o autor encerra sua análise.

Este é um belo livro, bom para ler e melhor ainda para fazer pensar. O Brasil realizou sua revolução capitalista entre 1930 e 1980, mas, desde então, cresce muito pouco. Por quê? Este livro não traz nem pretende trazer a resposta, mas nos dá instrumentos para pensar e para agir como nação.

LUIZ CARLOS BRESSER-PEREIRA

Felipe Calabrez

Apresentação

O livro de economia política que o leitor tem em mãos é fruto de uma tentativa de apresentar as principais questões sobre as quais essa área do conhecimento se debruçou e os principais conceitos que seus autores construíram.

A obra dirige-se àqueles que se iniciam no universo das ciências sociais em geral e, em especial, aos estudantes de ciência política, relações internacionais e áreas afins, além dos que se iniciam em estudos de economia.

Antes de fazer uma resumida apresentação do conteúdo encontrado no livro, convém trazer alguns esclarecimentos: nossa proposta é introduzir os desenvolvimentos históricos da *economia política*, aqui entendida, antes de tudo, como uma ciência social. É preciso, portanto, não perder de vista que, "como toda ciência social, a Economia Política é um esquema de interpretação da realidade concreta", conforme afirmou Barre (1964, p. 19). Tendo isso em vista, o percurso encontrado nas páginas que seguem se inicia na Modernidade, com o advento da chamada *economia política clássica*, considerado o momento de nascimento da ciência ora estudada. Esse foi um período de intensas transformações históricas e culturais que, por consequência, mudaram rapidamente o cenário europeu.

A economia política surge, então, de maneira profundamente conectada ao processo histórico que se desenrolava na Europa, ocupando-se do estudo das relações sociais de produção, circulação e distribuição que ali tomavam lugar. O livro apresenta os debates que dali se sucederam, tendo como fio condutor as relações sociais e a produção econômica de forma ampla, que não podem ser vistas de maneira apartada do modo de organização política da sociedade, seu tipo de Estado e sua história. Em suma, o caminho seguido foi o da *economia política*, área que se diferenciou da ciência econômica dominante, sobretudo nos departamentos das universidades de língua inglesa, os quais passaram a adotar o termo *economics* para se referir a uma ciência focada no comportamento de indivíduos racionais maximizadores e produtora de modelos mais formalizados e matematizados. Diante disso, o termo *political economy* acabou ficando restrito a abordagens mais históricas, que não se adequavam muito bem ao universo das chamadas *hard sciences*. Pode ser este, aliás, o grande trunfo da economia política.

Assim, deixamos claro ao leitor que este livro não é uma obra de *economia (economics)* que traga os avanços da disciplina no sentido anteriormente descrito. Não se trata também de um livro de *macroeconomia* ou *microeconomia,* tal como os inúmeros manuais disponíveis no mercado. A intenção aqui é apresentar o nascimento da economia política e os desdobramentos que a ela se seguiram, trazendo os debates com base nas "escolas" de pensamento que se desenvolveram na área e que ofereceram interpretações sobre o capitalismo. Nossa abordagem não busca também esgotar os conceitos de cada um dos autores referenciados, uma vez que nosso objetivo é oferecer um panorama geral que permita a você, leitor, identificar as diferentes correntes e seus conceitos fundamentais.

Apesar do caráter didático da obra, não apresentaremos os conceitos de forma puramente esquemática. Tendo em vista que as ideias não brotam do nada, o esforço aqui consistiu em apresentá-los inseridos no contexto histórico que lhes deu sentido. Além disso, buscou-se desenvolver os conceitos em seu encadeamento lógico, isto é, situá-los dentro do percurso intelectual em que foram desenvolvidos, mostrando as contribuições e as limitações dos autores anteriores que trataram do mesmo problema. Como exemplo, temos a teoria do valor-trabalho, cujos desdobramentos passam por Adam Smith, desenvolvem-se em David Ricardo e, só então, desembocam no conceito de Marx, como será visto no decorrer da obra. Nesse sentido, os conceitos são também fruto de um movimento do pensamento.

Desse modo, em alguns momentos, certas passagens podem parecer áridas para o leitor não iniciado, dada a complexidade de alguns conceitos. Por essa razão, lançamos mão de uma razoável quantidade de citações, que foram extraídas, sempre que possível, diretamente do autor em questão ou de comentadores especializados, a fim de tornar mais clara a questão em análise. Nossa tentativa foi buscar evitar a excessiva simplificação, por vezes comum em manuais, mas também evitar o excesso de "economês", fazendo com que você acompanhe o caminho de construção das ideias e sinta-se, ao final, à vontade para refazer o percurso por conta própria, extraindo suas próprias conclusões.

No Capítulo 1, apresentamos o contexto de surgimento da economia política como área específica do conhecimento, dotada de objeto próprio. As intensas transformações culturais, políticas, econômicas e sociais pelas quais a Europa passou e que deram origem ao que entendemos por *capitalismo* e por *Estado moderno* são o cenário parteiro da nossa economia política. Foi buscando criar ferramentas de análise para esse processo que seus debates se desenvolveram. Por isso, como notará o leitor, nascia desse contexto uma ciência eurocêntrica, o que talvez justifique a ausência que se sentirá aqui de uma análise dos processos sofridos pelos países asiáticos e africanos. Ainda no primeiro capítulo, abordamos as contribuições dos mercantilistas e o papel histórico que suas ideias exerceram.

No Capítulo 2, evidenciamos as contribuições dos fisiocratas, que trazem, pela primeira vez, a explicação para a origem do excedente econômico focada no processo produtivo e, também, uma noção de *sociedade* igualada a mercado. Na sequência, tratamos do desenvolvimento dessas noções pela escola liberal. A explicação do excedente econômico produz a teoria do valor-trabalho, cujo percurso de Adam Smith a David Ricardo é nosso objeto de análise. Por fim, demonstramos a visão que rompe com a teoria do valor-trabalho, colocando em seu lugar a teoria do valor-utilidade.

No Capítulo 3, reunimos as principais contribuições de Karl Marx para a economia política. Buscamos demonstrar como o percurso intelectual de Marx fez com que sua filosofia materialista da história o conduzisse para o estudo da economia política inglesa. Marx elaboraria a mais demolidora crítica do capitalismo por dentro do legado dos economistas liberais, com base na teoria do valor-trabalho de Ricardo. Por fim, examinamos as teorias marxistas das crises do capitalismo e do Estado.

No Capítulo 4, começamos a mostrar o contexto de surgimento da teoria keynesiana e sua crítica aos pressupostos estabelecidos. Ao confrontar a Lei de Say, Keynes, a um só tempo, subverteria as noções dominantes na teoria econômica clássica e ofereceria uma resposta política à Grande Depressão, com grandes consequências para o modo como a relação entre Estado e mercado será concebida no século XX. Em seguida, avaliamos a visão de Schumpeter sobre a dinâmica do capitalismo e sua destruição criadora. Introduzimos, de forma breve, a teoria de dois dos principais autores que resgataram fortemente os princípios do liberalismo clássico para construir suas análises sobre o capitalismo: Friedrich Hayek e Milton Friedman.

No Capítulo 5, procuramos organizar um debate sobre Estado e mercado, com base na exposição de algumas abordagens sobre desenvolvimento econômico e com base em um olhar sobre o processo histórico do capitalismo. Nossa intenção é elencar algumas teorias sobre desenvolvimento econômico produzidas não apenas nos países de língua inglesa, mas também nos países da América Latina, demonstrando como as particularidades de cada um podem produzir teorias a elas voltadas e deixando claro que não há uma "receita" e/ou uma "teoria" única para o desenvolvimento econômico.

Por fim, no Capítulo 6, procuramos resgatar um ponto que os capítulos precedentes vinham sugerindo o tempo todo: não há neutralidade absoluta nos modos de produzir teoria e pensar a realidade. Sugerimos, ainda, alguns caminhos para reflexão. Um debate sobre o papel que o pensamento econômico exerce sobre a realidade e um debate sobre as noções, por vezes conflitantes, entre economia e o exercício da democracia são contemplados ao final desta obra, que se encerra com breves considerações finais.

Boa leitura!

Felipe Calabrez

Como aproveitar ao máximo este livro

Empregamos nesta obra recursos que visam enriquecer seu aprendizado, facilitar a compreensão dos conteúdos e tornar a leitura mais dinâmica. Conheça a seguir cada uma dessas ferramentas e saiba como elas estão distribuídas no decorrer deste livro para bem aproveitá-las.

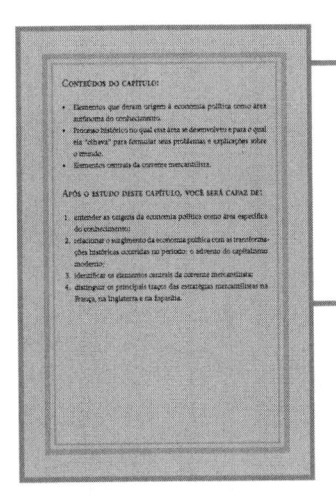

Conteúdos do capítulo:

Logo na abertura do capítulo, relacionamos os conteúdos que nele serão abordados.

Após o estudo deste capítulo, você será capaz de:

Antes de iniciarmos nossa abordagem, listamos as habilidades trabalhadas no capítulo e os conhecimentos que você assimilará no decorrer do texto.

Curiosidade

Nestes boxes, apresentamos informações complementares e interessantes relacionadas aos assuntos expostos no capítulo.

Estudo de caso

Nesta seção, relatamos situações reais ou fictícias que articulam a perspectiva teórica e o contexto prático da área de conhecimento ou do campo profissional em foco com o propósito de levá-lo a analisar tais problemáticas e a buscar soluções.

Síntese

Ao final de cada capítulo, relacionamos as principais informações nele abordadas a fim de que você avalie as conclusões a que chegou, confirmando-as ou redefinindo-as.

Questões para revisão

Ao realizar estas atividades, você poderá rever os principais conceitos analisados. Ao final do livro, disponibilizamos as respostas às questões para a verificação de sua aprendizagem.

Para saber mais

Sugerimos a leitura de diferentes conteúdos digitais e impressos para que você aprofunde sua aprendizagem e siga buscando conhecimento.

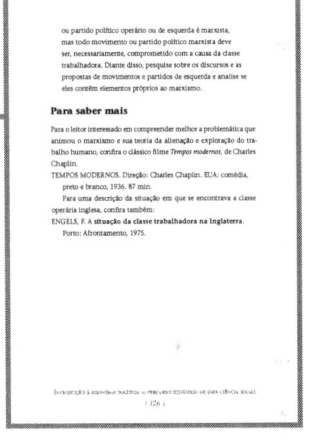

Felipe Calabrez

(25)

Capítulo 1
As condições históricas
originais da economia
política

Conteúdos do capítulo:

- Elementos que deram origem à economia política como área autônoma do conhecimento.
- Processo histórico no qual essa área se desenvolveu e para o qual ela "olhava" para formular seus problemas e explicações sobre o mundo.
- Elementos centrais da corrente mercantilista.

Após o estudo deste capítulo, você será capaz de:

1. entender as origens da economia política como área específica do conhecimento;
2. relacionar o surgimento da economia política com as transformações históricas ocorridas no período: o advento do capitalismo moderno;
3. identificar os elementos centrais da corrente mercantilista;
4. distinguir os principais traços das estratégias mercantilistas na França, na Inglaterra e na Espanha.

> *O processo social, na realidade, é um todo indivisível. De seu grande curso, a mão classificadora do investigador extrai artificialmente os fatos econômicos. A designação de um fato como econômico já envolve uma abstração, a primeira entre muitas que nos são impostas pelas condições técnicas da cópia mental da realidade. Um fato nunca é pura ou exclusivamente econômico; sempre existem outros aspectos em geral mais importantes.*
>
> (Schumpeter, 1997, p. 23)

É amplamente aceito entre os historiadores econômicos que o surgimento da economia política como atividade científica data do século XVIII, na Europa, em momento próximo ao advento do capitalismo industrial como sistema produtivo. No entanto, o termo *economia política* pode ser encontrado em escritos anteriores. Admite-se que o termo teria sido inicialmente empregado por Antonie de Montchrestien, mercantilista francês (1576-1621), em obra intitulada *Traité d'Économie Politique* (1615), tendo sido adotado posteriormente por James Steuart na obra *Inquirity into principles of Political Economy*, de 1770, contexto a partir do qual adquiriu uso corrente (Avelãs Nunes, 2007). Neste capítulo, vamos analisar como essa área do conhecimento surge e do que ela trata.

Se, em todas as sociedades ao longo da história existiu uma "economia", no sentido mais leigo que conhecemos, isto é, se toda organização social precisou alimentar-se, proteger-se da natureza criando ferramentas e construindo habitações, enfim, se foi necessário organizar a vida material, por que – você poderia perguntar-se – só se pensou e se escreveu sobre a forma de organizar essas atividades no século XVIII?

Veremos que não foi bem isso que ocorreu. Escritos sobre o dinheiro, o lucro e o trabalho podem ser encontrados em séculos anteriores. Qual seria, então, a novidade?

Podemos dizer que a novidade apresentada pela nascente economia política foi a de passar a tratar o modo como a sociedade organizava a produção e a distribuição de suas riquezas como uma esfera autônoma em relação a outras esferas da vida social, sendo, portanto, submetida a leis próprias, o que, por sua vez, acabou exigindo a constituição de uma área específica do conhecimento. Isso não significa que muito já não tivesse sido escrito sobre aspectos econômicos da sociedade, sobre problemas de abastecimento e sobre fartura e miséria de indivíduos ou povos[1]. O que não havia existido até o advento da Modernidade (século XVIII) era a noção de que os processos econômicos poderiam ser compreendidos como processos orientados por uma lógica própria, não mais de ordem divina, religiosa ou meramente política. A noção de *economia* como uma esfera autônoma e a de *ciência econômica* como disciplina de bases autônomas constituem dois lados de uma mesma moeda. Vejamos isso em mais detalhes na sequência.

(1.1)
Desenvolvimento das ideias e construção de uma ciência

Assim como a organização da produção e das atividades econômicas da sociedade passam a funcionar de maneira relativamente autônoma – isto é, livres da coerção direta do poder político e de

---

[1] *Não se pode falar em existência de um "pensamento econômico" na Grécia Antiga nem no Império Romano, embora houvesse ideias esparsas sobre o tema (Cf. Feijó, 2001).*

justificativas de teor religioso –, a economia política, na qualidade de área do conhecimento, passa a conceber todo o corpo social (a sociedade civil) como um sistema que se organiza e é regido por leis próprias que regulam o processo de produção e distribuição do produto social e que podem ser descobertas mediante investigação científica. O ápice da concepção segundo a qual a sociedade é regida por leis naturais é encontrada nos fisiocratas: "para os fisiocratas, são as leis da ordem natural, e não o soberano, que devem governar" (Rosanvallon, 2002, p. 101).

A *economia política*, portanto, pode ser definida como uma ciência que estuda as relações sociais de produção e distribuição, ou, para ser mais preciso, que busca descobrir as "leis naturais" que regulam esse processo. Belluzzo (1987, p. 18-19) nos oferece uma boa síntese da tarefa que se colocava para a nascente economia política:

Pressionada pelas transformações materiais em curso e penetrada, até os ossos, pelo racionalismo iluminista, a Economia Política nasce com a responsabilidade de desvendar e enunciar a "lei natural" que regia a nova sociedade econômica. Essa preocupação com a "lei natural" pressupunha a identificação de um princípio unificador que reduzisse todos os fenômenos da vida econômica a um sistema inteligível e coerente.

É importante notar aqui o peso do racionalismo iluminista na forma de pensar a sociedade que se vinha desenhando. Não é mais Deus e a vontade divina que fundamentam a ordenação do mundo social. Em seu lugar, colocou-se o ser humano. Como sublinha Rosanvallon (2002, p. 22), é a "partir do indivíduo e de sua natureza, portanto, [que] deve ser pensado e resolvido o problema da instituição do social". E foi tendo a natureza humana como ponto de partida que os filósofos políticos dos séculos XVII e XVIII iniciaram suas investigações sobre a sociedade civil e a constituição da sociedade política[2].

O que a filosofia política e a economia política teriam em comum então, podemos dizer, seria o compartilhamento de um "mundo mental" que colocava a razão e o homem no centro das explicações, um homem cuja essência, ou natureza, deveria ser conhecida porque com base nela é que se fundamentariam as instituições sociais. No caso da economia política, o que derivaria das leis da natureza seria uma ordem fundamentada na sociedade de mercado. Ao colocar a noção de mercado como natural, a economia política clássica acaba adquirindo, mesmo que sem intenção, um caráter normativo[3].

> A filosofia moral implícita nos trabalhos dos economistas clássicos (a filosofia da liberdade natural ou filosofia da lei natural) e o seu apelo aos conceitos fundados na natureza humana serviram, consciente ou inconscientemente, o objectivo de encontrar uma justificação moral para o capitalismo nascente. (Avelãs Nunes, 2007, p. 16)

A passagem transcrita auxilia a entender o contexto histórico no qual essas ideias foram gestadas. A afinidade entre as ideias de matriz liberal, que fundamentam a sociedade com base na noção de direitos

---

2   Referimo-nos aqui aos contratualistas, como Thomas Robbes, John Locke, Jean-Jacques Rousseau, os quais, embora sustentem visões conflitantes – e mesmo opostas – sobre a natureza humana, têm em comum o fato de tomarem-na como ponto de partida.

3   Por normativo entende-se uma abordagem que prescreve algo, que sugere "como deve ser", o que seria diferente de uma abordagem meramente analítica ou descritiva. A economia política clássica não se apresenta como normativa, mas podemos dizer que, ao postular determinada ordem como natural e afirmar que à política cabe apenas reafirmá-la e garanti-la, ela torna-se normativa. São, então, seus pressupostos fundantes (e não suas análises específicas) que lhe conferem, a nosso ver, esse caráter. Para uma discussão sobre esses dois tipos de abordagem, embora com ênfase na temática dos direitos humanos, remetemo-nos a Kritsch (2010).

individuais advindos da lei natural, e o desenvolvimento da sociedade capitalista, pode ser demonstrada sob alguns aspectos. Consideremos um exemplo que deixa clara essa afinidade: a propriedade privada.

A **propriedade privada** é alicerce central do capitalismo, como será visto mais detalhadamente no Capítulo 2, e sofrerá a mais violenta crítica pelo pensamento marxista, assunto do Capítulo 3. Por ora, vamos apenas desenrolar os fios que nos permitam perceber como o pensamento liberal dos séculos XVII e XVIII se insere na crítica à antiga ordem.

Um exemplo emblemático pode ser buscado em John Locke (1632-1707). O filósofo inglês escreve em um contexto no qual as classes mercantis estavam pouco a pouco tomando o poder das elites aristocráticas britânicas. De maneira não desconectada desse processo, Locke (1978) escreve, no *Segundo tratado sobre o governo civil*, uma sólida justificação filosófica do exercício do governo civil, pautado na garantia dos direitos individuais (naturais) de propriedade. Central para o pensamento político moderno, Locke nos interessa aqui porque a justificação que ele dá a respeito da propriedade não apenas foi fundamental para a ciência política, mas também abriu caminho para o liberalismo econômico. Ao postular que a propriedade reside em todos nós e justifica-se pelo trabalho (como o trabalho na terra, modificando-a e produzindo bens), Locke (1978) coloca o trabalho como elemento central. No entanto, argumenta que, mesmo no caso em que o indivíduo se aproprie de uma faixa de terra e nela trabalhe, a propriedade só se justificaria até o ponto em que não houvesse desperdício, que aquilo que fosse nela produzido não perecesse, isto é, que não se tomasse mais do que aquilo que pode ser usado. Teríamos aqui um entrave para justificar a acumulação. É aí, então, que entra outro elemento central em seu constructo teórico: o **dinheiro** (Locke, 1978).

Para Locke, o dinheiro nos possibilita ultrapassar o problema do desperdício, pois permite a acumulação sem o perecimento, já que podemos guardá-lo e trocá-lo por produtos a qualquer momento. "E assim originou-se o uso do dinheiro – algo de duradouro que os homens pudessem guardar sem estragar-se, e que por consentimento mútuo recebessem em troca de sustentáculos da vida, verdadeiramente úteis mas perecíveis" (Locke, 1978, p. 53).

O advento do dinheiro, para Locke, abriu a justa possibilidade da desigualdade de posses e da acumulação ilimitada, pois estas decorreriam do trabalho de cada um: "E como graus diferentes de indústrias eram suscetíveis de dar aos homens posses em proporções diferentes, assim também essa invenção do dinheiro deu-lhes a oportunidade de continuar a ampliá-las" (Locke, 1978, p. 53).

Estava assim justificada a acumulação ilimitada, já que

> os homens concordaram com a posse desigual e desproporcionada da terra, tendo descoberto [...] a maneira de um homem possuir licitamente mais terra do que aquela cujo produto pode utilizar, recebendo em troca, pelo excesso, ouro e prata que podem guardar sem causar dano a terceiros, uma vez que estes metais não se deterioram nem se estragam nas mãos de quem os possui. (Locke, 1978, p. 54)

Locke postula como função do governo garantir os direitos de propriedade. Interessa-nos notar que a troca não apenas justificaria um acúmulo ilimitado, mas também, indiretamente, a criação de um "mercado de trabalho", já que se poderia colocar pessoas a trabalhar em determinada propriedade em troca do dinheiro, relação vista como marcada pela livre-troca. Não há, para Locke, alienação de liberdade nem exploração nessa relação, ao contrário do que dirá Marx posteriormente. Para o liberal inglês, trata-se exatamente do exercício da liberdade (Locke, 1978).

Embora Locke não o faça explicitamente, estava aberto o caminho para a justificativa teórica e filosófica para a separação entre a economia e a política, para a acumulação ilimitada de propriedade e para o emprego do trabalho humano de indivíduos sem propriedade, os quais têm alienados os frutos imediatos de seu trabalho. Todos esses elementos se tornariam pilares centrais do capitalismo que se desenvolveria e da doutrina geral que lhe justificaria e daria suporte: o **liberalismo econômico**.

A nascente economia política (clássica) tratou de analisar criticamente os mecanismos que sustentavam a velha ordem (feudal, pré-capitalista), procurando mostrar como a organização corporativa, os ganhos monopolísticos e os regulamentos mercantilistas, bem como suas justificativas teológicas e estruturas de poder, funcionavam como entraves ao livre funcionamento da sociedade econômica (sociedade civil). A sociedade deveria caminhar para aquilo que lhe seria natural e inerente, a saber, a riqueza e o progresso. Colocada em contexto, a nascente economia política foi, portanto, um instrumento a serviço da transformação social e contra a velha ordem.

A ideia de mercado nascia então como antídoto aos vestígios feudais e também ao Estado despótico, ao confisco do rei e ao parasitismo da corte, uma classe altamente improdutiva[4]. No entanto, embora se colocasse "contra o Estado", havia a consciência da indispensabilidade deste e de suas instituições para a manutenção do próprio mercado. Assim, o nascimento do liberalismo pode ser entendido em um contexto no qual a classe mercantil visava não a destruição do Estado, mas sua conformação a determinada lógica, o que exigiu a conquista e o controle dele. Essa breve exposição sobre alguns aspectos das ideias

---

4 *Como veremos no próximo capítulo, as noções de classe produtiva e classe improdutiva serão centrais nas análises dos fisiocratas e de Adam Smith e David Ricardo.*

contidas na economia política (sua visão de ciência e sua filosofia moral) revela dois pontos importantes:

1. A defesa do **incremento da produção** como algo positivo (ou aquilo que os economistas chamam de produtividade).
2. Uma noção do que deve ser o Estado e o universo da política, compreendida como uma esfera que **não deve intervir** no domínio econômico para não deturpar seu funcionamento de acordo com as leis naturais. Esse Estado (e o lugar da política) deve ser, então, apenas o ente que resguarda o livre desenvolvimento das forças que emanam naturalmente da *sociedade*, aqui entendida como sociedade econômica.

Ora, para que determinada visão de Estado torne-se realidade, é preciso que sujeitos com essa visão estejam à frente desse Estado. Ou, então, que uma classe esteja à frente dele. Divisão do trabalho, revolucionando novas formas de produzir, e Estado sob o controle de uma classe específica? Falamos aqui da Revolução Industrial e das revoluções burguesas que transformaram a Europa por completo e inauguraram o que entendemos por Modernidade.

(1.2)
Processo histórico: desagregação do feudalismo

O surgimento do capitalismo como o conhecemos – um sistema de organização social e da produção – foi precedido por um longo processo que tomou lugar na Europa ocidental e durou séculos, com base em um conjunto de fatores que levou:

- ao desenvolvimento da **agricultura**, aumentando a produtividade e possibilitando a existência de excedentes comercializáveis, ao que alguns autores chamam de *revolução agrícola*;
- à disseminação do **comércio** de longa distância, que impulsionou a expansão urbana, com as antigas feiras dando lugar a cidades comerciais; e
- ao desenvolvimento das **rendas monetárias** advindas da intensificação do comércio, que possibilitou a acumulação ilimitada da riqueza, além de guerras comerciais, disputas por poder e conflitos sangrentos entre grupos ou classes sociais, como foram as insurreições camponesas do século XIV.

Tudo isso somado formou o caldo de intensas transformações ocorridas na Europa ocidental, conduzindo à lenta desagregação do feudalismo como sistema de organização social e de produção.

A desagregação do feudalismo deve ser entendida como contexto do processo de acumulação de capitais por parte da nascente burguesia comercial, o que contribuiu para o esfacelamento dos vínculos de servidão, dando lugar a uma classe de trabalhadores "livres" (porque libertos de tais vínculos), embora agora desprovidos de meios materiais de existência e impelidos a vender sua força de trabalho em troca de salário.

A essência dessa nova forma de organização da sociedade e da produção reside, portanto, na separação radical entre os produtores e os meios de produção, entre os desprovidos de propriedade (trabalhadores assalariados) e os proprietários dos meios de produção, entre **trabalho** e **capital**. Encontra-se aqui, frisará Marx (1983), o cerne das relações de produção capitalistas.

Vale lembrar que esse foi um longo e gradual processo, engendrado por contradições que surgiram no interior da própria sociedade feudal, acompanhado pela ascensão de uma burguesia mercantil, pelo desenvolvimento do comércio mundial e por processos violentos de saque, colonização e pilhagem, características daquilo a que Marx (2013) chamaria de *o segredo da acumulação primitiva*. Foi fundamental para esse processo a expropriação dos camponeses por meio das leis dos cercamentos (*enclosure laws*), que começou na Inglaterra já no século XIII: "a nobreza feudal, cada vez mais necessitada de dinheiro, cercava ou fechava terras até então usadas como pasto comum, utilizando-a, então, como pasto de ovelhas, para satisfazer à explosiva demanda por lã pela indústria têxtil lanífera inglesa" (Hunt, 2005, p. 14-15).

Esse movimento estendeu-se pelos séculos XV e XVI, chegando mesmo ao século XIX, contando com leis que o garantiriam. O processo de expulsão dos camponeses dos campos não apenas ajudou a destruir os laços feudais, mas também, ao obrigá-los a buscar sustento nas cidades, ajudou a produzir a moderna força de trabalho, essencial para a nascente indústria e componente fundamental do capitalismo como **modo de produção**.

O país que reuniu mais rapidamente as condições para o pleno desenvolvimento do capitalismo industrial foi a Inglaterra, que, já no século XVII, dominava o comércio mundial e, no século XVIII, havia avançado radicalmente o processo de expropriação dos camponeses por meio das já mencionadas leis dos cercamentos, transformando as antigas terras comunais, base das relações feudais, em propriedade privada. A Inglaterra havia também experimentado sua revolução agrícola, dispunha de capitais abundantes e de grandes reservas de mão de obra, além de contar com um subsolo rico em carvão e ferro, condições indispensáveis para a indústria que viria a se desenvolver (Hunt, 2005).

Vale ressaltar que também no século XVIII seriam inventadas a máquina a vapor, a máquina de fiar e a máquina de tecer, aumentando a capacidade de produção a uma velocidade sem precedentes na história.

Em fins do século XVI e início do século XVIII, quase todas as grandes cidades da Inglaterra, França, Espanha e dos Países Baixos (Bélgica e Holanda) já tinham se transformado em prósperas economias capitalistas, dominadas pelos mercadores capitalistas, que controlavam não só o comércio, mas também grande parte da indústria. Nos modernos Estados-nação, coalizões de monarcas e capitalistas tinham retirado o poder efetivo da nobreza feudal de muitas áreas importantes, principalmente nas relacionadas com a produção e o comércio. Essa época do início do capitalismo é conhecida como mercantilismo. (Hunt, 2005, p. 17)

Foge de nosso propósito aqui trazer uma extensa descrição desse longo processo. Cumpre apenas notar que os aspectos centrais desse fenômeno dizem respeito à gestação daquilo que seria considerado o elemento fundamental da nascente sociedade burguesa ou capitalista: a formação de uma **classe trabalhadora**, livre de vínculos feudais e despossuída de quaisquer tipos de propriedade, e a formação de uma potente classe burguesa disposta a empregar a primeira no revolucionário modo de produzir mercadorias[5].

Karl Marx e Friedrich Engels (2017), naquele que se tornou o texto político mais influente da modernidade, não fizeram a crítica

---

5   *Não adentraremos, aqui, em qualquer discussão teórica sobre o conceito de classe social ou sobre teorias do processo histórico. Para isso, remetemo-nos à bibliografia consolidada sobre o tema. Para o período de intensas transformações mencionado, confira o clássico* A Era das Revoluções *(Hobsbawm, 2009). Para análises sobre a formação da classe operária inglesa, confira também o clássico* A formação da classe operária inglesa *(Thompson, 1987).*

radical à nova ordem social e ao novo sistema econômico que se consolidava, demonstrando seu caráter contraditório e opressor e a necessidade de sua superação, sem antes rasgar elogios ao caráter revolucionário do modo de produção capitalista e de sua espantosa capacidade produtiva:

> *A burguesia, em seu domínio de classe de apenas um século, criou forças produtivas mais numerosas e colossais do que todas as gerações passadas em seu conjunto. A subjugação das forças da natureza, as máquinas, a aplicação da química na indústria e na agricultura, a navegação a vapor, as estradas de ferro, o telégrafo elétrico, a exploração de continentes inteiros, a canalização dos rios, populações inteiras brotando da terra como por encanto – que século anterior teria suspeitado que semelhantes forças produtivas estivessem adormecidas no seio do trabalho social?* (Marx; Engels, 2017, p. 26)

Enfatizados tais aspectos, fica fácil entender por que a economia política clássica tem origem na Inglaterra. Pioneira na Revolução Industrial, a Grã-Bretanha reunia de maneira mais clara os elementos que se tornariam centrais ao pensamento econômico clássico. A pequena ilha protagonizou transformações que produziram não apenas o moderno capitalismo industrial, mas também o objeto de análise científica dos economistas clássicos.

Essa história, no entanto, não está completa. Devemos destacar, ainda, outros fatores que levaram a Inglaterra a ser pioneira em reunir as condições ora descritas, tal como o surgimento do Estado moderno, que abordaremos a seguir.

1.2.1 Formação do Estado moderno

> *A burguesia suprime cada vez mais a dispersão dos meios de produção, da propriedade e da população. Aglomerou as populações, centralizou os meios de produção e concentrou a propriedade em poucas mãos. A consequência necessária dessas transformações foi a centralização política. Províncias independentes, ligadas apenas por débeis laços federativos, possuindo interesses, leis, governos e tarifas aduaneiras diferentes, foram reunidas em uma só nação, com um só governo, uma só lei, um só interesse nacional de classe, uma só barreira alfandegária.*
>
> (Marx e Engels, 2017, p. 25)

A desagregação do sistema feudal significou a dissolução tanto do modo social de organização da produção quanto de toda a estrutura política a ele correspondente. Enfraqueceu-se, portanto, o sistema fragmentado de poder nos feudos e começou a se gestar um processo de centralização política. Os primeiros estados nacionais a unificarem seu território sob autoridade central de um poder soberano foram França, Inglaterra, Espanha e Portugal[6]:

---

[6] *A rigor, o primeiro Estado moderno unificado da Europa foi Portugal, em 1139, após D. Afonso Henriques vencer os mouros e ser aclamado Rei. Ao longo das décadas seguintes, a Casa de Borgonha conseguiria unificar a porção ocidental da Península Ibérica, com vitória sobre lideranças locais ao norte e contra os mouros ao sul. Séculos depois, já sob comando da Dinastia de Avis, os portugueses iriam tomar Ceuta (1415) e iniciar sua expansão marítima, que atingiria nas décadas seguintes as ilhas atlânticas de Madeira e Açores, consolidar o novo caminho para as Índias contornando o continente africano e, finalmente, desembarcar no que seria o Brasil em 1500. Essa unificação precoce permitiu com que os portugueses, em associação com os genoveses, fossem os pioneiros na expansão marítima europeia. Agradeço ao historiador Heitor Loureiro por chamar atenção para as especificidades de Portugal e auxiliar com informações históricas.*

> Cronologia das unificações:
> - Portugal (1139), com Dom Afonso Henriques
> - Inglaterra (1485-1509), com Henrique VII
> - França (1461-1483), com Luís XI
> - Espanha (1469)

As relações entre a burguesia mercantil em ascensão e a nobreza feudal eram complexas e contraditórias. Havia interesses em conflito e, também, momentos propícios a alianças. Devemos lembrar que, durante séculos, a Inglaterra manteve conflitos e disputas marítimas, sobretudo com a Holanda, que dominava o comércio mundial e a importante rota com as Índias Ocidentais. A supremacia holandesa duraria até o século XVII, quando, então, foi suplantada pela britânica (Avelãs Nunes, 2007). Toda essa disputa marítima exigia o dispêndio de dinheiro para sustentar as tropas navais. Era preciso, portanto, o acúmulo de metais preciosos.

O que ficava gradativamente claro nesse processo era a necessidade de poder arrecadatório, o que exigia dois fatores distintos, mas complementares:

1. a criação de um **sistema de arrecadação** centralizado e composto por um corpo de funcionários responsáveis pela coleta de impostos; e
2. a necessidade de que a nascente burguesia mercantil obtivesse **sucesso econômico**, que é, em tese, de onde viria o dinheiro para sustentar o aparato estatal.

A burguesia mercantil, que é de se supor, não gostava de pagar impostos e via pelo menos duas boas contrapartidas na aliança com a monarquia: (1) a unificação do poder político trazia consigo a unificação das tarifas e das moedas, facilitando os negócios; e (2) a constituição de tropas permanentes lhe oferecia segurança no comércio.

Havia, portanto, uma congruência de interesses entre o poder político das monarquias – que, para se manter e se expandir, dependia do sucesso econômico da nascente burguesia mercantil – e o da burguesia mercantil – que se beneficiava com a expansão do domínio político, sobretudo quando este lhe abria mercados por meio do uso da força. O poder político funcionava, portanto, de maneira extremamente favorável ao processo de acumulação de capital. Esse processo, muitas vezes descontínuo, conturbado e violento, deu origem ao Estado moderno, ao moderno sistema de Estados e ao capitalismo. Vejamos como Weber (1999, p. 517) compreende o fenômeno:

> *A luta constante, em forma pacífica e bélica, entre Estados nacionais concorrentes pelo poder criou as maiores oportunidades para o moderno capitalismo ocidental. Cada Estado particular tinha que concorrer pelo capital, que estava livre de estabelecer-se em qualquer lugar e lhe ditava as condições sob as quais o ajudaria a tornar-se poderoso. Da aliança forçada entre o Estado nacional e o capital nasceu a classe burguesa nacional – a burguesia no sentido moderno da palavra. É, portanto, o Estado nacional fechado que garante ao capitalismo as possibilidades de sua subsistência e, enquanto não cede lugar a um império universal, subsistirá também o capitalismo.*

A passagem anterior revela, então, que o desenvolvimento do capitalismo não pode ser entendido de maneira dissociada do processo de centralização política que fez surgirem os modernos Estados nacionais. A acumulação de capital e a centralização do poder foram, assim, as molas propulsoras do sistema interestatal, um sistema, como veremos adiante, marcado pela competição e pela disputa tanto econômica quanto política. O período no qual essa simbiose entre poder político e acumulação econômica ficou mais evidente – que, não por acaso, é o período no qual os países europeus intensificaram a competição entre si e a Inglaterra despontou como potência industrial – ficou conhecido como *Era Mercantilista*.

(1.3)
Mercantilismo

Há pouca concordância na literatura sobre quais seriam precisamente as características definidoras do mercantilismo[7]. Na tentativa de elucidar o assunto, optamos aqui por uma abordagem histórica.

Deyon (1973) busca, nos antecedentes medievais, um caminho para entender do que se tratou o mercantilismo. O conjunto de experiências e regulamentos das economias urbanas da Idade Média teriam legado ao Estado moderno uma "sólida tradição de intervenção na vida econômica e social" (Deyon, 1973, p. 14). Essas práticas teriam sido incrementadas em razão da complexificação das atividades comerciais, em um processo contínuo de tentativa e improviso enquanto se almejava centralizar o poder político e criar jurisdições e fronteiras.

O mercantilismo está ligado, portanto, ao surgimento dos **Estados nacionais**, consequência da unificação dos territórios antes dispersos sob o domínio feudal e da consolidação de um poder central. Nesse processo, os monarcas buscaram o apoio da nascente burguesia comercial, procurando derrotar o sistema de organização política feudal. Como já apontado, o que essa recente burguesia teria a ganhar com essa aliança era a unificação do sistema de regras, impostos e moedas, que eram diversos sob as diferentes jurisdições feudais,

---

[7] Deyon (1973, p. 10), um especialista no tema, afirma de modo queixoso: "O mercantilismo foi definido e batizado por seus adversários. Como se espantar de que eles não o tenham definido corretamente?".

o que dificultava a atividade dos mercadores, estrato que estava em acentuada expansão. A unificação das regras tributárias e da moeda, além da proteção militar, tudo sob um território nacional, favorecia a atividade mercantil. Em troca, o poder político centralizado teria, no florescimento dessas atividades, sua principal fonte de receitas.

Um primeiro aspecto que podemos citar como elo entre o domínio político e a acumulação econômica é a **questão fiscal**[8]. A necessidade de manutenção de tropas e de aparelhos de guerra foi umas das primeiras preocupações que se colocaram aos monarcas. O fomento à atividade econômica interna e a uma participação vantajosa no comércio internacional casava perfeitamente com aquela necessidade. Como resgata Arrighi (2013, p. 50), "os governantes da França e do Reino Unido internalizaram em seus domínios tantas quantas lhes foram possíveis das atividades cada vez mais numerosas que, direta ou indiretamente, funcionavam como insumos na gestão do Estado e da guerra". A consequência – bem-sucedida – dessa estratégia foi transformar boa parte daquilo que era custo (de proteção) em receita tributária (Arrighi, 2013).

> *Gastando dentro de suas economias domésticas essas receitas tributárias aumentadas, eles criaram novos incentivos e oportunidades para estabelecer vínculos sempre renovados entre as atividades e, desse modo, fazer com que as guerras se custeassem cada vez mais.* (Arrighi, 2013, p. 50)

O mercantilismo propriamente dito desenvolveu-se principalmente na Espanha, em Portugal, na França e na Inglaterra, entre finais do século XVI até o século XVIII, período marcado por profundas transformações. De fato, não podemos dizer que se trata de um corpo

---

8   *É isso que Weber (1979, p. 80) tinha em mente ao afirmar que o Estado é um "fenômeno economicamente condicionado".*

homogêneo e formalizado de ideias, uma vez que constitui mais um conjunto de ações práticas levadas a cabo pelos até então recentes Estados nacionais, que buscavam competir no sistema internacional e desenvolver da maneira mais rápida e pragmática suas atividades econômicas. Por isso, um autor clássico como Schumpeter (1997) não considera correto referir-se a mercantilismo como uma "escola" de pensamento econômico. Desse ponto de vista, o *mercantilismo* deve ser entendido como o conjunto de práticas heterogêneas implementadas pelos nascentes Estados soberanos, que buscavam, de maneira conjunta, o desenvolvimento econômico nos respectivos territórios recém-unificados e o fortalecimento do poderio nacional. No mercantilismo, portanto, **poder político e poder econômico são indissociáveis.** "A compreensão dos fenômenos econômicos é exigida pela (e posta ao serviço da) necessidade de definir políticas econômicas capazes de fornecer ao estado e aos seus cidadãos a riqueza e o poderio indispensáveis à consolidação da sua soberania e independência." (Avelãs Nunes, 2007, p. 290).

Desse modo, os regimes mercantilistas foram marcados por ações no domínio da política que visavam desenvolver as atividades privadas nos espaços nacionais, incentivando-as e protegendo-as da competição de outros Estados. Cada país tratou de proteger os setores que lhes pareciam estratégicos ao desenvolvimento econômico nos moldes capitalistas, por meio de fortes regulamentações da produção e fortes sistemas de proteção tarifária. Dadas a heterogeneidade das abordagens e a ausência de sistematização em um corpo teórico coeso, é possível falar, como sugere Avelãs Nunes (2007), em "mercantilismos nacionais", entre os quais podemos destacar aqueles que receberam atenção mais acurada: Espanha, Inglaterra e França.

1.3.1 Mercantilismo bulionista e suas variações

A preocupação central dos mercantilistas espanhóis foi a conservação da maior quantidade possível de ouro e prata no país, o que era visto como medida garantidora da preservação da riqueza e poder do Estado espanhol. Esses metais preciosos, vale lembrar, eram provenientes das colônias, de onde eram extraídos por meio do saque e da pilhagem.

Na tentativa de pôr em prática a estratégia de manter grande quantidade de ouro e prata em seu território (bulionismo), o Estado espanhol, inicialmente, impôs severas restrições à saída desses metais, medida que se mostrou altamente ineficaz e contribuiu para a ideia, ainda incipiente naquele momento, de que a saída de metais preciosos do território podia ser explicada pela balança comercial deficitária, o que começou a ser notado por alguns mercantilistas espanhóis nos séculos XVI e XVII.

A noção de que as relações comerciais com o exterior deveriam ser superavitárias viria a se desenvolver mais fortemente entre os mercantilistas franceses e ingleses. Nesse contexto, podemos afirmar que o bulionismo desdobrou-se em medidas que visavam obter saldos favoráveis na balança comercial, o que levou os países a criar numerosos regulamentos sobre importação e exportação, tendo chegado, inclusive, ao ponto de proibir que se importassem ou exportassem determinados produtos, sempre tendo em vista o fortalecimento de setores nacionais.

Nesse sentido, destaca-se o alto grau de **protecionismo** que a nascente indústria têxtil inglesa recebera, ajudada pela empreitada colonial. Na relação da Inglaterra com suas colônias, estas últimas eram forçadas a fornecer matérias-primas baratas à metrópole e desta comprar produtos manufaturados. Além disso, o Estado inglês proibiu a exportação de quase todas as matérias-primas essenciais à indústria têxtil a fim de evitar a escassez de oferta e desestimulou a importação de produtos concorrentes aos produzidos no país por meio de altíssimas tarifas alfandegárias. A imbricação entre poder de Estado e acumulação privada de riqueza sempre foi evidente: "A supremacia britânica imposta ao mundo pelo pioneirismo e pelo monopólio da indústria tem origem na acumulação de riqueza mercantil e financeira promovida pelo Estado mercantilista, apoiada na faina colonialista das exclusividades concedidas às Companhias de Comércio" (Belluzzo, 2016, p. 14).

É possível dizer, então, que o mercantilismo inglês foi marcado por, pelo menos, três aspectos essenciais: (1) estratégia de acúmulo de metais preciosos; (2) proteção da indústria nascente, e (3) fortalecimento da marinha nacional, esta última fortemente favorecida pelos Atos de Navegação, que lhe garantiam exclusividade.

Curiosidade

O que foram os Atos de Navegação?

Assinados em 1651 por Oliver Cromwell, instituíram medidas restritivas ao uso de navios estrangeiros no comércio com o Reino Unido e suas colônias. Ao limitar o transporte marítimo de todo o comércio a navios ingleses, visavam limitar a concorrência e garantir a supremacia naval e comercial britânica. Os Atos de Navegação enfraqueceram a concorrente Holanda – que, naquele momento, era uma potência comercial – e colocaram a Inglaterra no centro das correntes do comércio internacional. De natureza fortemente protecionista, tais medidas são vistas como o fator que teria criado as condições que garantiriam à Inglaterra, posteriormente, o pioneirismo na Revolução Industrial.

Sob o mercantilismo, o Estado também intervinha nos métodos de produção de determinados produtos, como foi o caso da França de Luís XIV. Jean Baptiste Colbert, conselheiro econômico de Luís XIV e notável executor da política mercantilista francesa, impôs extensos e minuciosos regulamentos sobre a produção têxtil nacional, com intuito de estabelecer técnicas de produção mais eficientes e aperfeiçoadas. Essa estrita **regulamentação da produção**, somada a um forte sistema de proteção alfandegária, visava à construção de uma economia nacional autossuficiente. A aposta de Colbert era fazer da alta qualidade dos produtos franceses a estratégia central da ofensiva comercial no mercado externo. E o objetivo não era apenas o desenvolvimento da indústria em moldes nacionais, mas também a obtenção de uma balança comercial favorável: a exportação de produtos acabados para diversos mercados – a de matérias-primas "cruas" era proibida –; e a importação de matérias-primas destinadas à produção industrial que seria posteriormente exportada visava também a atração de metais preciosos para o país, o que era visto como garantia de prosperidade da nação. Assim, lê-se nos registros de escritos do próprio Colbert: "É preciso aumentar a prata no comércio público atraindo-a dos países de onde provém, conservando-a dentro do reino para aproveitá-la... somente o comércio e tudo o que dele depende pode produzir este grande efeito" (citado por Deyon, 1973, p. 25).

Contudo, ressaltamos que não era a simples posse de metais preciosos, por si só, que garantiria a prosperidade da nação, mas sim sua capacidade de produzir os bens necessários à vida. Em suma, inserção comercial e capacidade produtiva eram fundamentais.

A crítica ao bulionismo
A visão inicial, "bulionista" (ou metalista), que defendia o acúmulo de metais preciosos como um fim em si mesmo, evoluiu para

teorizações sobre o comércio internacional e as vantagens de obter-se uma balança comercial favorável. Na Inglaterra, Edward Misselden, na obra *The cicle of commerce*, de 1623, foi o primeiro a fazer uma crítica do metalismo embasada na análise das relações comerciais entre os países (Avelãs Nunes, 2007). Misselden observou que o preço da moeda estava sujeito aos mesmos mecanismos determinadores dos preços em geral, isto é, a lei da oferta e da procura. Com base nisso, afirmou que a única maneira de manter grande quantidade de metais no país e juros baixos era a obtenção de uma balança comercial favorável. Isso porque a taxa de juros é o "preço" para obter "moeda", isto é, o quanto o detentor de moeda cobra para emprestá-la. Assim, a escassez de metais (moeda) faria subir seu preço (taxa de juros), encarecendo o crédito que era tão essencial aos investimentos do capital que se acumulava aceleradamente, bem como ao progresso capitalista naquele momento (Avelãs Nunes, 2007).

O desenvolvimento das práticas mercantilistas foi evidenciando as limitações da visão bulionista (ou metalista). Se, em um primeiro momento, a obtenção de metais foi funcional para a formação do Estado moderno, com suas necessidades fiscais, a continuidade do processo de acumulação e o intercâmbio internacional revelaram algumas contradições: a simples obtenção de moeda – por exemplo, por meio da pilhagem das colônias – não resolveria a questão da riqueza, como pensavam inicialmente os espanhóis, pois só geraria aumento dos preços internos, isto é, inflação[9], e o aumento dos preços internos acabava por estimular as importações e desestimular as exportações, produzindo déficit na balança comercial e fazendo escoar os metais acumulados.

---

9 *Essa concepção sobre a moeda se desenvolveu pela chamada teoria quantitativa da moeda, tendo exercido forte influência sobre o pensamento econômico do século XX.*

Boa parte dos mercantilistas partia da concepção de que a quantidade de metais a circular entre os países que comerciavam entre si era fixa. Dessa maneira, o acúmulo de moeda por parte de um país significava a redução dessa moeda em outro país, resultando em um jogo de soma zero (Deyon, 1973; Avelãs Nunes, 2007). Assim pensava o poderoso Colbert na França: "Há somente uma mesma quantidade de prata que circula em toda a Europa... não se pode aumentar a prata no reino, sem que ao mesmo tempo se retire a mesma quantidade nos Estados vizinhos" (citado por Deyon, 1973, p. 24-25).

Essa concepção aponta um traço fundamental da visão mercantilista sobre o comércio internacional: acúmulo e incremento de riqueza e de poder (que, lembre-se, para os mercantilistas, sempre andam juntos) de uma nação implica uma perda correspondente de riqueza e de poder para as demais nações.

Do ponto de vista das relações internacionais, portanto, tratava-se da lógica de competição interestatal. Ao contrário da visão liberal, que veria as relações de comércio internacional de maneira idêntica às relações do comércio interno, isto é, como relações entre indivíduos, os mercantilistas concebiam as relações de comércio externo como relações entre nações, uma lógica que não dispensava o uso da força, do poderio militar e da expansão do domínio colonial, marcada por exploração, dominação e violência. Em suma, trata-se da lógica do poder.

Encerramos este tópico com uma passagem que, mais que uma definição, revela o "espírito" do mercantilismo: "O mercantilismo é, antes de tudo, um serviço da política, uma administração do tesouro real, um instrumento de grandeza política e militar. O dirigismo econômico do Estado clássico corresponde a motivações financeiras, é um sistema de produção de riqueza, e não de distribuição" (Deyon, 1973, p. 43).

1.3.2 Mercantilismo(s): uma síntese

Agora que já foi revelado o sentido histórico das práticas denominadas *mercantilistas*, convém um esforço de sistematização de seus aspectos centrais e das diferenças de cada caso.

Como visto, tratava-se de práticas que vinham formando-se ao longo dos séculos como resposta a problemas concretos que se colocavam. Talvez por isso, boa parte dos autores que escreveram sobre políticas mercantilistas não eram teólogos ou filósofos, mas homens de negócios, administradores e conselheiros do soberano, que se pronunciaram sobre esses problemas concretos e a eles buscaram respostas. Elencamos, a seguir, os pontos principais em torno dos quais aquelas práticas giravam:

- políticas pragmáticas;
- consolidação do poder dos Estados nacionais;
- estabelecimento de governos centrais fortes e unificação dos mercados internos (definição do território nacional);
- conquista de colônias em busca de novos mercados;
- primeiros esforços de teorização sobre balança comercial (setor externo) e sistema monetário.

A economia política mercantilista seria então, como caracterizou Barre (1964), uma "arte empírica". Se assim for, essa arte se manifestou de maneira diferente nos diferentes países, em razão dos problemas que se lhes colocavam:

- nas versões portuguesa e espanhola, a maior preocupação das práticas mercantilistas foi a de acumular e conservar metais preciosos nos respectivos Estados;

- a versão francesa, o chamado *colbertismo*, visava desenvolver a indústria por meio de forte protecionismo aduaneiro e interferência nas técnicas do processo produtivo; e
- na Grã-Bretanha, os Atos de Navegação colocam o país no centro das correntes do comércio internacional.

(1.4)
A CISÃO ENTRE OS TIPOS DE ANÁLISE ECONÔMICA

No início do capítulo, foram apontadas certas afinidades entre os postulados da nascente economia política clássica – que foram brevemente esboçados e serão abordadas no próximo capítulo – e o desenvolvimento da sociedade capitalista nascida dos escombros da ordem feudal. O principal elemento dessas afinidades diz respeito ao advento da propriedade privada e de uma classe assalariada, seu subproduto necessário. Esse é o ponto em que a economia política e a história do capitalismo convergem. Sob esse enfoque, a ciência explicava o mundo que surgia, e esse mundo assemelhava-se à descrição que se fazia dele.

Na sequência da exposição, no entanto, ficou claro que o processo histórico, quando olhado pela perspectiva do poder e das relações internacionais, guarda pouca semelhança com a noção de sociedade de mercado postulada pela economia política clássica. Dos dois pontos elencados no final da Seção 1.1 (aumento da produtividade e Estado não interventor), apenas o primeiro pôde ser observado na história. E isso não se restringe à época mercantilista, pois mesmo o século XIX foi muito pouco marcado pela economia de mercado. Ele foi, ao contrário, assinalado por estratégias nacionais de desenvolvimento acelerado capitaneadas pelos Estados dos chamados *países de capitalismo tardio*, do que Alemanha e Japão são exemplos emblemáticos.

Estaria, então, errada a economia política clássica ao tomar como ponto central de sua análise as relações sociais de produção e a divisão do trabalho tal como se configuravam na Inglaterra? Não é verdade que a Inglaterra foi capaz, em um curto espaço de tempo, de inundar parte do mundo com suas mercadorias, transformando as até então correntes preocupações com escassez em preocupação com problemas de superprodução?

Havia ali de fato algo novo a ser explicado, e a economia política clássica foi perspicaz ao delimitar seu objeto de análise e, partindo de uma filosofia moral e de algumas intuições iniciais, construir uma área do conhecimento que não mais perderia seu lugar entre aquelas consultadas sobre os rumos do mundo. Além disso, não mais perderiam lugar as divergências internas à área. A economia política clássica nasceria como crítica radical às práticas mercantilistas.

Síntese

Neste capítulo inicial, apresentamos uma introdução à economia política como área autônoma do conhecimento, com base na inserção dela no processo histórico de surgimento do capitalismo e dos Estados modernos. Destacamos como esses dois processos não podem ser entendidos separadamente e como as transformações históricas que ocorreram na Europa fizeram surgir uma nova realidade econômica – de tipo capitalista –, que viria a ser justamente o objeto de estudo dos primeiros economistas políticos.

Também analisamos o conjunto de práticas que ficou conhecido por *mercantilismo*, as quais consistiram em estratégias de desenvolvimento dos Estados nacionais, acompanhados do respectivo poderio militar e econômico, tendo dado origem a teorizações pioneiras sobre questões como *balança comercial, moeda* e *tributação*.

Questões para revisão

1. Assinale a alternativa que **não** representa a visão dos mercantilistas sobre o comércio internacional:
    a) O comércio entre os países é marcado pela disputa pelo acúmulo de moeda.
    b) O empreendimento colonial integra as estratégias de busca por ampliação de mercados consumidores.
    c) A ampliação do intercâmbio entre as nações é o caminho para igualar seus níveis de riqueza.
    d) A competição no comércio internacional não dispensa o uso do aparato de força do Estado.
    e) O desenvolvimento do comércio e o fortalecimento do poderio político dos Estados são elementos indissociáveis.

2. (UEL) Por volta do século XVI, associam-se à formação das monarquias nacionais europeias:
    a) a demanda de protecionismo por parte da burguesia mercantil emergente e a circulação de um ideário político absolutista.
    b) a afirmação político-econômica da aristocracia feudal e a sustentação ideológica liberal para a centralização do Estado.
    c) as navegações e conquistas ultramarinas e o desejo de implantação de uma economia mundial de livre mercado.

Felipe Calabrez

d) o crescimento do contingente de mão de obra camponesa e a presença da concepção burguesa de ditadura do proletariado.

e) o surgimento de uma vanguarda cultural religiosa e a forte influência do ceticismo francês defensor do direito divino dos reis.

3. Assinale a alternativa que elenca os elementos que explicam a temporária aliança que se formou entre os monarcas e a burguesia mercantil no contexto de formação dos Estados nacionais:
    a) Forte apreço religioso e temor do enfraquecimento dos laços feudais
    b) Medo diante do avanço do comércio ultramarino.
    c) Proteção militar e ganhos fiscais advindos do comércio.
    d) Temor diante do avanço das ideias socialistas.
    e) Temor diante do poder da Igreja e sua interferência nos assuntos políticos.

4. Por que não podemos afirmar que os mercantilistas pensavam na economia de maneira apartada do poder político do Estado?

5. Por que a centralização política que formou os modernos Estados nacionais e a expansão do capitalismo são processos interligados?

Questão para reflexão

1. As práticas mercantilistas concebiam o acúmulo de riqueza e o fortalecimento do poder político como elementos indissociáveis. Desse ponto de vista, o Estado não só pode como deve intervir diretamente na atividade econômica, estimulando e protegendo determinados setores estratégicos para a economia nacional. Contrariamente a essa visão colocam-se os economistas liberais clássicos, que concebem a *economia* como uma esfera que deveria ter sua lógica própria. Pesquise em jornais e na imprensa em geral o que está sendo discutido sobre a política econômica do país. Procure identificar, nas diferentes posições que aparecem no debate, elementos que permitam identificar traços comuns às ideias mercantilistas (de cunho nacionalista) e traços comuns ao liberalismo clássico.

Para saber mais

Os leitores interessados em conhecer mais sobre a história do desenvolvimento capitalista e as disputas mercantilistas desde as cidades-estado italiana do século XIX, passando pela Inglaterra até a hegemonia dos Estados Unidos no sistema internacional, podem consultar:
ARRIGHI, G. **O longo século XX**. Rio de Janeiro: Contraponto, 2013.

Felipe Calabrez

Capítulo 2

O liberalismo e suas
vertentes no século XIX:
economia política clássica

Conteúdos do capítulo:

- Bases fundamentais do pensamento econômico clássico e a concepção do funcionamento da sociedade.
- Fisiocratas e economistas ingleses e a explicação da origem do excedente econômico.
- Fundamentos da vertente utilitarista da economia política.

Após o estudo deste capítulo, você será capaz de:

1. identificar os princípios fundamentais sobre os quais se constroem a escola fisiocrata e a escola liberal inglesa (ou "o pensamento liberal inglês");
2. diferenciar as vertentes que construíram teorias sobre a origem da riqueza;
3. distinguir as duas vertentes sobre a origem da riqueza que se formaram no pensamento econômico: a teoria do valor-trabalho (clássica) e a teoria do valor-utilidade;
4. entender como o Estado e a política são concebidos no raciocínio liberal.

(2.1)
A FISIOCRACIA E OS FISIOCRATAS

A economia política, que antes ou era tratada por financistas, banqueiros e negociantes – portanto, em geral, por pessoas que tinham diretamente a ver com relações econômicas – ou por homens de formação universal, como Hobbes, Locke e Hume, para os quais ela significava um ramo do saber enciclopédico, apenas com os fisiocratas elevou-se a uma ciência particular e como tal passou a ser tratada.

(Marx; Engels, 2007)

O pensamento fisiocrata surgiu na França, no século XVIII, em atitude crítica às políticas mercantilistas da época. Naquele momento, a estrutura econômica francesa era predominantemente agrícola. Nas cidades, as atividades manufatureiras ainda eram, principalmente, artesanais.

O setor agrícola francês do século XVIII foi marcado pela convivência entre uma parte organizada pela lógica da atividade capitalista, com a existência de uma classe razoavelmente consolidada de arrendatários capitalistas e de uma parte camponesa. A convivência entre essas duas formas de organizar a produção agrícola revelava a superioridade do modo de produção capitalista no que diz respeito à capacidade produtiva. Era para isso que os fisiocratas olhavam e era isso que os fazia entender que, precisamente ali, na agricultura organizada de modo capitalista, residia a explicação do sistema econômico. Os fisiocratas preconizavam a generalização da ordem capitalista no campo e a eliminação das formas pré-capitalistas de produção.

Talvez a estrutura econômica particular para a qual olhavam os impedia de buscar nas atividades manufatureiras a explicação central para o modo capitalista de produção que se desenvolvia e se estendia a todos os setores. Assim, para os fisiocratas, apenas na agricultura era possível visualizar o excedente, isto é, constatar que o produto do trabalhador rural, ao longo do ano, superava suas necessidades de consumo e de reprodução de seu trabalho, restando um excedente que poderia ser comercializado. A tarefa histórica do capitalismo era, na visão fisiocrata, possibilitar a formação desse excedente.

A avaliação sobre o processo de criação de riqueza nos fisiocratas ocorria de maneira bastante primitiva: "não como avaliação da diferença entre duas grandezas de valor, mas, ao contrário, como avaliação da diferença entre duas grandezas físicas" (Napoleoni, 1978, p. 26). Portanto, não havia, para os fisiocratas, uma teoria do valor, motivo pelo qual eram incapazes de observar a criação de valor nas atividades manufatureiras. Para eles, a manufatura consistia na transformação de determinados bens em outros bens. Isso explica a ênfase que davam à produção agrícola, setor no qual era mais evidente a variação de uma grandeza física, já que o produto último da produção era superior em quantidade (grandeza física) ao produto empregado inicialmente, como insumos, sementes etc.

Nesse sentido, podemos compreender a consequência lógica do raciocínio fisiocrata: todo o **excedente** que o sistema econômico produz é imputado à agricultura. Esse excedente, no entanto, tem como causa fundamental a fertilidade do solo. É por essa razão que se diz – de maneira geralmente simplificada – que, para os fisiocratas, a riqueza origina-se da terra.

Com base nesse raciocínio, podemos entender também a concepção dos fisiocratas sobre trabalho produtivo e improdutivo. Se **trabalho produtivo** é aquele capaz de gerar excedente, só é possível encontrar trabalho produtivo na atividade agrícola. Seguindo o raciocínio segundo o qual apenas o trabalho produtivo é capaz de gerar um "produto líquido" (*produit net*), e é apenas na agricultura que pode haver trabalho produtivo, os fisiocratas dividem a sociedade entre a classe produtiva (trabalhadores da agricultura) e as classes estéreis (comércio e manufaturas, onde o trabalho é improdutivo). Apesar dessas evidentes limitações, a fisiocracia tem uma importância no curso da história do pensamento econômico. É com os fisiocratas que se identifica, pela primeira vez, a origem do produto líquido na esfera da produção (e não da troca, como advogavam os mercantilistas). Nesse sentido, o desenvolvimento sucessivo do conceito de *excedente* tem, nos fisiocratas, seu ponto de partida.

É com base nessa teoria do excedente que François Quesnay construiria seu famoso *Quadro econômico dos fisiocratas – Tableau économique*[1] no original – que consistiu na primeira análise do equilíbrio global do sistema econômico. No *Tableau*, Quesnay (1996) procurou construir uma representação do processo econômico real, demonstrando a interdependência entre os setores econômicos por meio da descrição do processo de circulação da riqueza entre as classes.

Em seu esquema explicativo, o excedente produzido na agricultura circula no conjunto do sistema econômico, distribuindo-se entre todas as classes (produtivas e improdutivas). O desenvolvimento dos outros setores econômicos, portanto, depende do aumento da produtividade e do excedente agrícola.

De acordo com esse modelo, para que o sistema econômico funcionasse com dinamismo, permitindo a circulação do excedente para os outros setores, seria necessária a eliminação de qualquer obstáculo ao processo produtivo e aos fluxos de troca, os quais, vale lembrar,

---

1   No Tableau économique – *ou* Quadro econômico dos fisiocratas *(Quesnay, 1996) –, Quesnay elaborou o primeiro esquema explicativo do conjunto da produção e da circulação econômica. Utiliza-se esse nome porque Quesnay buscou criar uma representação (um quadro) para ilustrar a lógica de produção e circulação do sistema econômico.*

funcionariam de acordo com as leis naturais. Nesse sentido, qualquer intervenção do Estado é indesejável.

A crítica dos fisiocratas dirigia-se explicitamente à política mercantilista de Colbert, que, como visto no capítulo anterior, buscava regular o processo produtivo e incentivar o setor manufatureiro francês em detrimento da agricultura.

Aqui fica clara a distinção em relação aos mercantilistas. Destaquemos dois pontos fundamentais:

1. Ao contrário dos mercantilistas, que entendiam que a geração da riqueza acontecia na esfera da troca, os fisiocratas localizam na **esfera da produção** (agricultura) a geração do excedente econômico.
2. Ao passo que, para os mercantilistas, a riqueza econômica e o poder político andavam juntos, sendo dois lados de uma mesma moeda, para os fisiocratas, por sua vez, não deveria haver qualquer intervenção "externa" ao livre desenvolvimento do sistema econômico, que funcionaria de acordo com as **leis naturais**. Nesse sentido, se a intervenção do Estado é fundamental aos mercantilistas, para os fisiocratas ela é indesejável, pois só produziria distorções e desvios ao natural funcionamento do sistema econômico[2].

---

2   *É possível dizer que o termo intervenção nem sequer faria sentido do ponto de vista mercantilista, pois diz respeito à ação de um elemento externo sobre outro: para os mercantilistas, vale dizer, Estado e economia, riqueza e poder, todos são indissociáveis.*

(2.2)
UMA NOVA TEORIA/FILOSOFIA SOCIAL: RAÍZES DO LIBERALISMO ECONÔMICO NOS FISIOCRATAS E EM ADAM SMITH

De certa forma, o que os fisiocratas inauguraram, e a escola clássica consolidou, foi uma resposta teórica sobre o funcionamento social, isto é, quais as bases em que se fundamentam a organização e a reprodução harmônica da sociedade. Como afirma o fisiocrata Mercier de La Rivière (citado por Rosanvallon, 2002), a ordem social assenta-se naturalmente na própria ordem física, uma ordem natural.

A ordem natural, portanto, seria regida por leis naturais, que existem independentemente da vontade dos homens e às quais eles devem submeter-se se quiserem usufruir dos benefícios da vida em sociedade. Essas leis seriam tidas como naturais, como o são as leis da física, e estabeleceriam os mecanismos de funcionamento da sociedade, entendida aqui como *sistema econômico*. Assim, os mecanismos de produção, de distribuição e de consumo seriam regidos por essas leis naturais, e o conhecimento dessas leis e desses mecanismos é precisamente o objeto da ciência que os fisiocratas buscavam construir: a economia política.

É com base nessa concepção do social, fortemente inspirada na física newtoniana, que os fisiocratas derivam sua visão sobre as relações entre Estado e economia. Se a economia – e, portanto, a sociedade – estão sujeitas a leis naturais, absolutas e imutáveis, provenientes da ordem física, o governo não terá quase nada a fazer a não ser garanti-las. E a garantia da observância dessa ordem natural, convém frisar, passa pela garantia da propriedade. Para os fisiocratas, a segurança da propriedade é o fundamento essencial da ordem econômica. Citando Quesnay, Avelãs Nunes (2007, p. 334) afirma: "O direito de propriedade é, em consequência, a primeira das 'leis gerais da ordem natural que constituem indiscutivelmente a forma de governo mais perfeita'".

O pensamento dos fisiocratas enquadra-se, portanto, no princípio do pensamento liberal. O governo, então, não deve intervir no estabelecimento da ordem natural. Adeptos do *laisser-faire*[3], os fisiocratas não atribuem ao Estado tarefas que vão além da garantia da propriedade e dos contratos.

Aqui vale determo-nos um pouco mais sobre esse ponto.

Para os fisiocratas, um bom governo deve obter o pleno conhecimento sobre as leis naturais e seus mecanismos de funcionamento. Essas leis e seus mecanismos são revelados, no entanto, pela própria ciência que os fisiocratas buscavam construir. Uma vez conhecidas essas leis, caberia ao Estado impor sua observância. Assim, competiria ao legislador apenas assegurar que as leis estivessem de acordo com as leis da natureza, como demonstra Avelãs Nunes (2007, p. 343), citando Quesnay: "é preciso que a autoridade soberana, sempre esclarecida pela evidência, institua as melhores leis e as faça observar rigorosamente, para segurança de todos e para atingir a maior prosperidade possível da sociedade".

---

3 A expressão laisser-faire *(em tradução do francês: "deixar fazer") é usada para exprimir a doutrina do liberalismo, isto é, a noção de que os indivíduos devem exercer suas atividades livremente sem qualquer interferência ou regulamentação do poder do Estado, que, por sua vez, deve limitar-se a garantir as liberdades e a propriedade. Trata-se, como temos visto aqui, de uma reação às práticas mercantilistas.*

A passagem mencionada revela a concepção que os fisiocratas tinham sobre a relação entre a **política** e a **ordem natural**. De acordo com essa concepção, o governo deveria mesmo impor a observância dessa ordem, o que traria um paradoxo na medida em que se afirmaria como natural uma realidade que nem sempre é a que se observa. A realidade pode facilmente desviar-se daquilo que lhe seria natural. O modelo econômico de Quesnay é, nesse sentido, normativo. Como bem notou Rosanvallon (2002, p. 102), a teoria dada "leva de fato a um liberalismo forçado e imposto que nada tem de natural".

Os fisiocratas promovem a igualização entre social e econômico. O *social = econômico* é entendido como o espaço na sociedade onde se processa a divisão do trabalho, que possibilita a multiplicação dos meios de subsistência e promove a abundância.

Uma vez que o ponto de partida dos fisiocratas é a troca, a ordem social coincide com a ordem econômica. Não há dúvida de que o liberalismo econômico surge de uma filosofia e de uma teoria social profundamente inspirados na fisiocracia.

Para Adam Smith, o mercado se constitui como a lei reguladora e ordenadora da ordem social. O funcionamento da sociedade, portanto, seria embasado na troca. Mas há uma diferença fundamental em relação aos fisiocratas: para Smith, a sociedade não deve se submeter a leis físicas que lhe são impostas pela natureza. Para ele, embora seja uma tendência natural, a troca é inscrita na própria **natureza humana**. Os indivíduos teriam essa propensão a trocar, o que produz a divisão do trabalho e o aumento da capacidade de produzir. Esse movimento que leva à riqueza e à harmonia sociais é engendrado pela busca egoísta e individual: cada um que busca o próprio interesse produzirá a harmonia do todo (Smith, 1974). Como pontua Rosanvallon (2002), Smith pensa mais em termos de autorregulação do que em termos de leis mecânicas.

> **Curiosidade**
>
> Adam Smith, nascido em Edimburgo, na Escócia, em 1723, notabilizou-se como o "pai da economia política clássica". No entanto, antes de sua principal obra de economia política (*Investigação sobre a natureza e as causas da riqueza das nações*, cuja primeira edição data de 1776), Smith publicara uma obra essencial, intitulada *A teoria dos sentimentos morais*, em 1759. Essa observação é importante por revelar que as origens do pensamento propriamente "econômico" encontram-se na filosofia. Isto é, foi uma filosofia moral sobre a busca egoísta do interesse individual que ofereceu os alicerces para o pensamento econômico clássico.
>
> Alguns historiadores chegam a questionar a originalidade ou o ineditismo das proposições econômicas de Smith. Contudo, sua relevância é inegável, uma vez que desenvolveu e sistematizou diversos pontos esboçados por outros autores e constituiu uma doutrina econômica que consolidou a economia política como ramo do conhecimento, abriu caminho para desenvolvimentos posteriores e exerceu uma influência que sobrevive ao passar dos séculos.

Figura 2.1 Estátua em homenagem a Adam Smith (em Edimburgo, Escócia)

Heartland Arts/Shutterstock

O interessante a se notar no percurso intelectual de Adam Smith é que ele desemboca na economia política partindo de sua filosofia moral. A preocupação sobre o que sustenta os vínculos recíprocos entre os indivíduos é o que o conduz a buscar a resposta nas relações de produção e de troca. Aqui fica claro um deslocamento da problemática que havia animado os filósofos políticos anteriores a Smith.

Se a filosofia política havia produzido um rico debate entre contratualistas – como Thomas Hobbes, John Locke e Jean-Jacques Rousseau – sobre como se funda a sociedade civil e em que se fundamenta o poder do Estado, o nascimento da economia política como área de conhecimento veio operar um deslocamento das questões que haviam ocupado aqueles filósofos. A preocupação central deixou de ser "como se funda" a sociedade civil e "no que se fundamenta" o poder político, passando para "como se mantém" e "como se regula" a sociedade. Os fisiocratas, e depois, Adam Smith, tendo essas questões como norte, passaram a conceber a sociedade como *sociedade de mercado*. Os vínculos econômicos decorrentes da propensão natural à troca e a busca individual dos interesses (ou de satisfação das necessidades) passaram a ser vistos como o *cimento da sociedade*. "Para Smith, com efeito, o vínculo econômico liga os homens como produtores de mercadorias para o mercado, considerado como o verdadeiro cimento da sociedade [...]." (Rosanvallon, 2002, p. 84).

Ainda afirma Rosanvalon (2002, p. 58) que a noção de *mercado* "permite assim repensar as relações internacionais sobre uma nova base, substituindo a lógica de uma conta de soma zero (a do poder) por uma lógica de soma positiva (a do comércio)" (Rosanvalon, 2002, p. 58).

A sociedade concebida como *mercado* também seria, portanto, a melhor maneira de organizá-la, de produzir harmonia e riqueza e, também, de evitar a guerra.

2.2.1 O LIBERALISMO ECONÔMICO

O liberalismo emergiu do Iluminismo e teve em Adam Smith o pensador que melhor sistematizou os postulados econômicos da teoria. Tendo surgido também como reação ao mercantilismo, o liberalismo postula que o mercado deve funcionar livre da interferência política.

Apesar das inúmeras vertentes que carrega, o liberalismo econômico preserva como eixo central a ideia de que o mercado é a forma mais eficiente para a formação de preços e para a organização da produção e da troca, alocando da maneira mais eficiente os fatores de produção e organizando as relações econômicas internas e internacionais: "A rationale[4] do mercado é o aumento da eficiência econômica, a maximização do crescimento da economia e, portanto, a melhoria do bem estar humano" (Blyth, 2017, p. 46). A grande crítica política dos liberais se dirigia ao estabelecimento dos monopólios favorecidos pelos Estados.

O liberalismo econômico desenvolveu-se com base na premissa essencial de que os fundamentos da sociedade são: o **consumidor individual**, a **firma** e a **família**. Os indivíduos têm uma propensão natural ao intercâmbio, como frisou Adam Smith, e para isso comportam-se de maneira racional e em busca de seus interesses. A premissa segundo a qual a busca dos interesses individuais levaria ao bem-estar coletivo é explicitada por Smith na clássica passagem em que afirma: "Não é por generosidade que o homem do talho, quem faz a cerveja ou o padeiro nos fornecem os alimentos; fazem-no no seu próprio interesse. Não nos dirigimos ao seu espírito humanitário mas sim ao seu amor próprio; nunca lhes falamos de nossas necessidades mas dos seus próprios interesses" (Smith, 1974, p. 20).

Nesse contexto, a propensão natural à troca seria o elemento produtor da divisão do trabalho, e a competição entre produtores e consumidores no mercado, onde todos são movidos pelo autointeresse, seria a maneira mais eficiente de organizar as próprias relações sociais e o caminho para o bem-estar social ou para a "riqueza das nações". É precisamente aí que reside aquilo que ficou conhecido como a ***mão invisível***, essa força ordenadora do desenvolvimento das iniciativas individuais que não deveria ser interrompida por forças externas, como aquela que o Estado exerce em favor do estabelecimento de monopólios.

---

4   A racionalidade; a base lógica. [tradução nossa]

(2.3)
A ORIGEM DA RIQUEZA: SMITH E A TEORIA DO VALOR-TRABALHO

Para Adam Smith (1723-1790), a origem do aumento da riqueza deve ser buscada no trabalho, mais precisamente no desenvolvimento das potencialidades produtivas do trabalho, ou, simplesmente, na produtividade do trabalho. É com uma análise sobre essa questão que Smith inicia sua obra mais famosa, *Investigações sobre a natureza e as causas da riqueza das nações*[5].

2.3.1 A PRODUTIVIDADE E A DIVISÃO DO TRABALHO NA FUNDAMENTAÇÃO DA ECONOMIA POLÍTICA

O aumento da produtividade do trabalho é explicado, no Capítulo I do Livro I, pela divisão do trabalho, processo que consiste em subdividir as atividades necessárias à produção de determinado bem entre o maior número de indivíduos possível, que passam a ser responsáveis por operações cada vez mais simples e especializadas. Esse processo desenvolve a destreza do trabalhador incumbido de dada operação, reduzindo sobremaneira o tempo necessário para produzir determinado produto, e amplia a integração social e interdependência entre os diferentes ramos do trabalho.

A célebre passagem sobre a fábrica de alfinetes é bastante esclarecedora:

> *Um homem transporta o fio metálico, outro endireita-o, um terceiro corta-o, um quarto aguça a extremidade, um quinto prepara a extremidade superior para receber a cabeça; para fazer a cabeça são precisas duas ou três*

---

[5] Ao longo deste capítulo faremos referência à obra apenas como A riqueza das nações. Os trechos reproduzidos são extraídos de Smith (1974).

operações distintas; colocá-la constitui também uma tarefa específica, branquear o alfinete, outra; colocar os alfinetes sobre o papel de embalagem é também independente. O importante trabalho do fabrico de alfinetes está portanto dividido em cerca de dezoito operações distintas que, em algumas fábricas, são efetuadas por diferentes operários [...]. (Smith, 1974, p. 13-14)

A transcrição dessa longa passagem revela o elemento fundamental da contribuição de Smith: a divisão do trabalho permite que se amplie exponencialmente a capacidade de produzir mercadorias no menor tempo possível, dispondo da mesma quantidade de trabalho. **Produzir mais em menor tempo, barateando o custo de produção** – eis o princípio fundamental a orientar o capitalismo industrial que começava a se disseminar pela Europa.

As razões elencadas por Smith como explicação para o aumento da produção decorrente da divisão do trabalho são três:

1. o aumento da destreza do trabalhador aumenta quando este se dedica a uma única operação;
2. economiza-se o tempo antes perdido na passagem de uma operação a outra;
3. quanto mais confinada a atividade humana a operações específicas, mais provável é a invenção de máquinas que permitam ao trabalho produzir mais em menos tempo.

Nas palavras de Smith (1974, p. 17):

Uma grande parte das máquinas utilizadas nas fábricas em que o trabalho está muito subdividido foram originariamente inventadas pelos próprios trabalhadores que, tendo sido empregados em tarefas muito simples, dirigiram naturalmente os seus pensamentos para a tentativa de as simplificar e facilitar ainda mais.

Assim, segundo o pensamento de Smith (1974), é a divisão do trabalho que permite o aumento da produtividade, isto é, da capacidade de produzir bens, o que, por sua vez, gera a riqueza. E o setor onde é possível que haja essa separação e subdivisão entre os diferentes ramos e momentos da produção de um mesmo produto é o **industrial**. Smith é bastante explícito ao afirmar que a natureza da atividade agrícola não permite tantas subdivisões de trabalho e, consequentemente, não comporta um aumento de produtividade tão grande como aquele que é possível na indústria. Aqui torna-se clara a mudança em relação ao pensamento fisiocrata. É na produção industrial, e não na agricultura, que reside o segredo da produção da riqueza e do excedente.

Smith (1974) tinha diante de si uma realidade econômica diferente da da França dos fisiocratas. Embora não tenha visto o ápice da Revolução Industrial, o autor observou na Inglaterra um capitalismo em estágio mais avançado e pôde perceber que o lucro capitalista não se restringia à agricultura. Dessa forma, ele pôde avançar em relação aos fisiocratas ao localizar a produção de um excedente que não podia ser explicado em termos físicos. Se o excedente agora não era mais explicado em termos físicos, deveria ser explicado em termos de valor. Dava-se, assim, um passo fundamental na constituição da economia política ao colocar o problema fundamental na análise do capitalismo, que é saber o que determina o valor das mercadorias.

Smith se empenha, então, na investigação sobre o valor das mercadorias, diferenciando valor de uso e valor de troca, que são, respectivamente, "a utilidade de dado objeto e a possibilidade de esse objeto servir para comprar outras mercadorias" (Smith, 1974, p. 31). Segundo Smith (1974), o que determina a verdadeira medida de valor das mercadorias, que é também seu preço real, é o **trabalho**. Vamos entender seu raciocínio a seguir.

Dada a divisão do trabalho, o indivíduo não obtém tudo aquilo de que necessita diretamente pelo próprio trabalho. A maior parte das mercadorias é, portanto, fruto direto do trabalho de terceiros. Nesse sentido, ao adquirir uma mercadoria, adquire-se certa quantidade de trabalho que foi empregada na fabricação dela. Logo, conclui Smith (1974, p. 33), "o trabalho é a medida real do valor de troca de todas as mercadorias", isto é, seu preço real. Em consequência, o dinheiro empregado para obtê-las é apenas seu preço nominal.

Na sociedade capitalista, na qual é possível a acumulação de mercadorias nas mãos de indivíduos particulares, verifica-se que alguns deles empregarão o trabalho de terceiros, aos quais fornecerão materiais com vistas a que esse trabalho empregado produza bens que possam ser trocados por um preço superior ao que é necessário para pagar os materiais usados e o salário do trabalhador. Esse elemento é fundamental para a realização do processo, pois, como diz Smith (1974, p. 48), o "indivíduo só pode ter qualquer interesse em empregar trabalhadores se espera obter pela venda do trabalho deles algo mais do que o suficiente para repor o capital adiantado". Esse "algo mais", frisa Smith (1974), não deve ser confundido com salário, pois regula-se por outro princípio, que não diz respeito ao engenho ou à dificuldade da respectiva atividade (nesse caso, de inspeção e de direção), mas sim à quantidade de capital empregue, e será tanto maior quanto maior for a quantidade do capital adiantado. Trata-se, portanto, do **lucro**.

Temos aqui o esboço de duas noções fundamentais que guiarão todo o desenvolvimento da economia política clássica e de suas explicações a respeito da sociedade capitalista, além de ser central à crítica da economia política elaborada posteriormente por Marx: a noção de *trabalho como mercadoria* e a noção de *lucro*.

Com base em Smith (1974), chegamos às partes que compõem os preços das mercadorias: os salários, o lucro e a renda, podendo esta última ser proveniente da terra ou do capital a empréstimo, que é remunerado a juros. Após essa exposição, feita no Capítulo VI do Livro I de *A riqueza das nações*, Smith (1974) discorre, no capítulo seguinte, sobre a diferença entre *preço natural* e *preço de mercado*. Essa distinção será central a toda a doutrina liberal. Vejamos a seguir por quê.

2.3.2 Preço natural e preço de mercado: a atuação da oferta e da demanda

Smith (1974) parte da constatação de que, em todas as comunidades e regiões, existem **índices normais** (ou índices médios) dos **salários**, **lucros** e **rendas**, que podem variar de região para região em virtude de suas especificidades. Esses índices naturais, como vimos, são as partes componentes do preço das mercadorias. As mercadorias estarão com seu *preço natural* quando este for composto por aqueles índices em seu nível normal. "Quando o preço de qualquer mercadoria não é maior nem menor do que o suficiente para pagar a renda da terra, os salários do trabalho e os lucros do capital empregue [...] dir-se-á que tal mercadoria é vendida pelo seu preço natural" (Smith, 1974, p. 53).

Ocorre que o chamado *preço natural* nem sempre é o mesmo preço pelo qual tal mercadoria é efetivamente vendida, uma vez que o último pode ser superior ou inferior ao primeiro. O preço efetivo é denominado **preço de mercado**. O que regula o preço de mercado, então, e esse ponto é central, é a proporção entre a quantidade de determinada mercadoria no mercado e a procura por ela. Tem-se aqui o conhecido mecanismo de **oferta e demanda**: se a quantidade de mercadoria disponível for inferior à procura efetiva, nem todos aqueles que a demandam poderão abastecer-se na quantidade desejada. Como alguns estarão dispostos a pagar um preço superior para obtê-la, seu preço de mercado se elevará, excluindo do consumo aqueles incapazes de pagar o novo preço. Smith (1974) vê aí uma situação de competição entre consumidores. Do mesmo modo, se a quantidade disponível de mercadoria for superior à demanda efetiva desta, o preço de mercado se situará abaixo do preço natural. Acirra-se, nesse caso, a competição entre vendedores.

Desse modo, a situação na qual o preço natural se iguala ao preço de mercado é aquela em que há **equilíbrio** entre a oferta e a demanda.

Como, no entanto, pode haver esse equilíbrio? A resposta a essa questão é fundamental para todo o pensamento econômico liberal.

Para Smith (1974), há uma tendência natural a que oferta e demanda se equilibrem. Isso ocorre porque se, em dado momento, alguma mercadoria é produzida em quantidade superior à sua demanda efetiva, algumas das partes que compõem seu preço serão remuneradas abaixo de seu valor natural (consequência da queda de seu preço de mercado), como a renda da terra ou os salários de quem a produz, desincentivando, assim, os indivíduos a empregarem sua terra ou seu trabalho na produção dessa mercadoria. Isso fará com que a oferta dessa mercadoria comece a se reduzir, ajustando-se à demanda efetiva e igualando novamente seu preço natural a seu preço de mercado. O mesmo raciocínio se aplica à situação inversa.

Para que esse modelo funcione, isto é, para que se observe essa tendência ao equilíbrio entre oferta e demanda na realidade, são necessárias algumas condições, com destaque para duas delas:

1. **Informação**: o equilíbrio só se verificará se os compradores, no mercado, tiverem acesso à informação real sobre a oferta das mercadorias. Pode ocorrer, entretanto, como frisa o próprio Smith (1974) utilizando-se de exemplo da época, que certos mercadores mantenham em segredo a real oferta de determinado produto, simulando uma oferta menor com vistas a fazer subir o preço de mercado. Esse segredo, entretanto, raramente seria mantido por tempo prolongado[6].

2. **Livre-iniciativa**: as hipóteses smithianas funcionam apenas em um ambiente no qual os indivíduos dispusessem de liberdade para atuar no setor que preferissem (isto é, em que pudessem mudar livremente de setor) e, mais importante, em que os preços fossem determinados segundo o mecanismo ora descrito, sem a coerção de forças externas. Nesse sentido, a construção de Smith se dirige explicitamente à formação dos monopólios:

> *A atribuição de um monopólio a um indivíduo ou a uma companhia comercial tem os mesmos efeitos do segredo no comércio ou na indústria. Os monopolistas, para tentar manter o mercado deficientemente abastecido, ou seja, para nunca proverem totalmente as necessidades da procura efetiva, vendem as suas mercadorias a um preço muito superior ao preço natural e aumentam os seus proventos, tanto no caso dos salários como no caso dos lucros, para um valor muito superior ao seu índice natural.* (Smith, 1974, p. 58)

---

6 Convém assinalarmos, aqui, que a realidade da qual Smith (1974) parte para construir seu argumento e seus exemplos é a de uma sociedade mercantil, de pequenos produtores e consumidores. O desenvolvimento que o capitalismo observou posteriormente obrigou os economistas a rever certas premissas. O pensamento liberal, no entanto, preservando o essencial, passou a trabalhar com a hipótese de mercados perfeitos (aqueles que detêm informação perfeita) como um modelo ideal, não verificado na realidade, como se observa nos manuais de economia contemporâneos.

A contundente crítica aos monopólios também se estende às corporações formadas por determinadas categorias, como os artesãos, por estas produzirem o mesmo efeito, qual seja, o de impedir a livre concorrência e a livre formação dos preços.

2.3.3 Estado garantidor

Os pontos anteriormente elencados nos conduzem ao cerne do pensamento econômico liberal. Smith (1974) concebe a sociedade como *mercado*, isto é, composta por compradores e vendedores (inclusive de trabalho), que regulam suas atividades e seus preços pelo mecanismo da oferta e da demanda. Para esse mecanismo funcionar livremente, é necessária a abolição de formas corporativas de organização do trabalho, bem como a eliminação de monopólios e de regulamentos públicos que lhe deram origem. Em suma, o Estado deve atue apenas como garantidor dessa ordem liberal, não lhe impondo restrições. Estavam lançadas as bases fundamentais do liberalismo econômico.

(2.4)
Teoria do valor-trabalho em David Ricardo: valor como tempo de trabalho incorporado à mercadoria

Enquanto Smith havia definido a economia como a ciência da riqueza das nações, ou seja, como aquela ciência que se ocupa dos meios que devem ser adotados para que se obtenha o rendimento máximo para a riqueza "da república ou do soberano", Ricardo define a Economia Política como sendo a ciência que se ocupa da

> *distribuição do produto social entre as classes nas quais se acha dividida a sociedade. De forma mais precisa, segundo Ricardo a Economia se ocupa com a distribuição do produto entre salários, lucros e renda fundiária.*
>
> (Napoleoni, 1978, p. 85)

David Ricardo (1772-1823) é considerado o teórico mais rigoroso entre os economistas clássicos. Com a vantagem de ter observado a economia capitalista industrial em seu pleno desenvolvimento, enquanto Smith percebera apenas os primeiros sinais dela, Ricardo pôde avançar na compreensão de sua dinâmica.

A possibilidade de vivenciar a Revolução Industrial inglesa a plenos vapores provavelmente nos ajuda a explicar a preocupação central de Ricardo, que não era mais entender o aumento da capacidade produtiva proporcionado pela divisão do trabalho, como em Smith, mas sim entender as forças que viabilizavam e engendravam a dinâmica de acumulação do capital e, consequentemente, a lógica de distribuição do produto social entre as diferentes classes sociais.

Para Ricardo (1974, p. 251), o produto social é dividido entre renda, lucro e salários. Assim, afirma no prefácio de *Princípios de economia política e tributação* (1974): "Determinar as leis que regulam esta distribuição é o principal problema da Economia Política". Por isso, podemos falar em uma **teoria da distribuição**.

Para compreender a dinâmica da distribuição, entretanto, é necessário, primeiro, examinar a teoria do valor desenvolvida por Ricardo, que se constrói com base na teoria do valor de Smith. Em Ricardo (1974), encontramos o desenvolvimento da **teoria do valor-trabalho**, núcleo central da teoria econômica clássica. Para isso, o autor abre o primeiro capítulo de sua obra com a clara definição: "O valor de uma mercadoria, ou seja, a quantidade de qualquer outra pela qual pode ser trocada, depende da quantidade relativa de trabalho necessário para sua produção, e não da maior ou menor compensação que é paga por esse trabalho" (Ricardo, 1974, p. 255).

Ora, se o valor de uma mercadoria é determinado pela quantidade de trabalho necessário para sua produção, tem-se, como consequência lógica, que, "se a quantidade de trabalho contida nas mercadorias determina o seu valor de troca, todo acréscimo nessa quantidade de trabalho deve aumentar o valor do bem sobre o qual ele foi exercido, assim como toda diminuição deve reduzi-lo" (Ricardo, 1974, p. 256).

Avançando em relação a Smith, Ricardo (1974) identifica a origem do valor das mercadorias não apenas no trabalho que é diretamente empregado em sua produção, mas também no trabalho que foi aplicado na produção dos utensílios, ferramentas e edifícios que colaboraram em sua fabricação. Sobre esse ponto, o exemplo da fabricação de meias é elucidativo:

> *ao estimar o valor de troca das meias, por exemplo, descobriremos que o seu valor, comparado com o de outras coisas, depende da quantidade total de trabalho necessária para fabricá-las e levá-las ao mercado. Em primeiro lugar, há o trabalho necessário para cultivar a terra na qual cresce o algodão; em segundo, o trabalho de levar o algodão ao lugar em que as meias são fabricadas – no que se inclui o trabalho de construção do barco em que se faz o transporte e que é incluído no frete das mercadorias –; em terceiro, o trabalho do fiandeiro e do tecelão; em quarto, uma parte do trabalho do engenheiro, do ferreiro e do carpinteiro que construíram os prédios e a maquinaria usados na produção; em quinto, o trabalho do varejista e de muitos outros que é desnecessário discriminar.* (Ricardo, 1974, p. 262)

A transcrição da passagem citada nos auxilia a entender como se forma o valor para Ricardo (1974): o elemento-chave é o trabalho, origem de todo valor. No entanto, ao considerar toda a cadeia envolvida na produção de determinada mercadoria, e fiel ao princípio segundo o qual a origem do valor é o trabalho, o economista passa a considerar a quantidade de trabalho envolvida na produção do próprio capital. Isto é, a produção de um utensílio utilizado na fabricação de determinada mercadoria exige o emprego de certa quantidade de trabalho, que é o trabalho passado ou cristalizado. Do ponto de vista da produção dessa determinada mercadoria, no entanto, esse utensílio é capital (meio de produção).

Assim, o valor dessa mercadoria é composto não apenas pelo trabalho diretamente empregado em sua produção, mas também por todo o trabalho envolvido na cadeia de produção, que é a ela incorporado. E qualquer redução da quantidade de trabalho necessário para produzi-la, direta ou indiretamente, reduzirá necessariamente seu valor. Do mesmo modo, qualquer ampliação da quantidade de trabalho necessário para produzi-la aumentaria seu valor.

A teoria do valor-trabalho de Ricardo (1974) pressupõe que a proporção entre capital fixo e capital circulante se mantenha fixa em todas as atividades produtivas. Sua postulação de que o valor de um bem depende da quantidade relativa de trabalho necessário para produzi-lo exige a observância dessa condição. E, ainda, mantida essa condição, pode-se dizer que a variação dos salários não altera o valor da mercadoria, visto que não representa uma alteração na **quantidade** de trabalho empregado em sua fabricação. Uma eventual subida nos salários pagos ao trabalhador, portanto, ao não produzir alterações no **valor** da mercadoria, produz efeito direto sobre o lucro. E aqui chegamos a um aspecto central para a economia política clássica e que será o ponto da crítica da economia política desenvolvida posteriormente por Marx: trata-se da relação entre **capital** e **trabalho**. Podemos dizer que Ricardo (1974) avançou na compreensão da sociedade capitalista não apenas por ter desenvolvido uma análise sobre a distribuição do produto social com ênfase nos salários e lucros, mas também por ter tratado da relação entre essas duas taxas. Como frisou Napoleoni (1978, p. 87): "O aspecto do processo produtivo considerado como o mais importante por Ricardo consiste, precisamente, na determinação do valor e da evolução da taxa de lucro, sobretudo em suas relações com a taxa de salário [...]". Vejamos brevemente como Ricardo trata cada uma delas.

2.4.1 A INFLUÊNCIA DA TAXA DE LUCRO E DA VARIAÇÃO DE SALÁRIOS NO EQUILÍBRIO ECONÔMICO

Com relação aos salários, Ricardo (1974), assim como Smith, opera com a distinção entre *preço natural* e *preço de mercado*. A variação dos salários se deve então a duas causas: (1) oferta e procura de trabalhadores; e (2) preço dos produtos consumidos pelos trabalhadores.

Quanto à primeira causa (variação entre oferta e procura), Ricardo (1974) utiliza-se da teoria da população de Malthus para sustentar que há uma tendência aos salários baixarem, dado o aumento da população[7]. Essa tendência natural, na visão liberal de Ricardo, não deveria ser contrabalanceada por intervenções estatais, mesmo que levassem a situações de miserabilidade da classe trabalhadora. "Como todos os outros contratos, os salários deveriam ser deixados à justa e livre competição do mercado, e jamais deveriam ser controlados pela interferência dos legisladores" (Ricardo, 1974, p. 302).

O fundamento exposto por Ricardo (1974) embasará sua posição política. Vale mencionar aqui que o autor foi membro do parlamento inglês, naquele momento composto unicamente por proprietários, e sua atividade parlamentar foi marcada pelo combate à Lei dos

---

7   *Thomas R. Malthus (1766-1834).*

Pobres, que previa uma garantia mínima à subsistência dos trabalhadores em situação de pauperismo.

Para Ricardo (1974), a tendência à queda dos salários seria contrabalanceada, por outro lado, pela tendência à subida dos custos de reprodução do trabalho, que levaria novamente a um aumento dos salários, reestabelecendo o equilíbrio. E aqui o elemento que produz as duas tendências é o mesmo: o **aumento populacional**.

O aumento da população exige o correspondente aumento na produção de alimentos. Para Ricardo (1974), entretanto, existe uma tendência à queda da produtividade do solo, pois as terras mais férteis já estariam sendo plenamente cultivadas, passando, então, à produção agrícola para as terras menos férteis[8]. Essas terras exigiriam o emprego de uma quantidade maior de trabalho para produzir a mesma quantidade de alimentos que as terras mais férteis. Dada sua teoria do valor-trabalho, o aumento da quantidade de trabalho empregado na produção aumentaria o valor do produto agrícola, cujo exemplo utilizado por Ricardo é o trigo. Esse processo produziria, assim, uma tendência ao aumento do preço do trigo. Esse aumento, por sua vez, elevaria os custos de subsistência do trabalhador (como já mencionado, a segunda causa da variação dos salários). Produz-se, então, o aumento dos salários nominais.

Esse aumento dos salários nominais, deve-se frisar, não significa aumento real, pois não amplia seu poder de compra. O efeito do aumento dos salários sobre a participação no produto social é, portanto, neutro. Nesse processo, há um aumento do valor dos produtos agrícolas, mediante aumento do trabalho neles empregado, e ocorre

---

8   Haveria, nesse processo, uma tendência à redução da taxa de lucro, o que também pode ser chamado de lei dos rendimentos decrescentes. Consulte, para mais informações sobre o assunto, Ricardo (1974).

acréscimo nos salários nominais. O valor dos produtos industriais, no entanto, permanece o mesmo, pois não ocorre aumento do trabalho necessário para produzir uma mesma quantidade de mercadorias. O que ocorre é uma elevação no custo de produção destas, dado o aumento nos salários nominais. Tem-se, assim, uma queda na taxa de lucro. Aqui vale reproduzir novamente uma passagem sintética de Ricardo (citado por Avelãs Nunes, 2007, p. 475):

> *à medida que a população aumenta, os preços dos bens de primeira necessidade subirão constantemente, porque será preciso mais trabalhador para os produzir. Perante este aumento dos preços dos bens essenciais, é natural que os salários monetários – que tendem a corresponder ao mínimo de subsistência – subam o necessário para compensar os trabalhadores [...] Sendo assim, é claro que os lucros dos industriais diminuiriam necessariamente, o que desincentivaria a acumulação do capital.*

Tendo como base as contribuições de Adam Smith, Ricardo (1974) avançaria na teoria do valor ao defini-lo como tempo de trabalho incorporado à mercadoria. Porém, como assinala Gorender (1983, p. XXVIII), "desviou sua investigação da origem do excedente para o da distribuição do produto entre assalariados, capitalistas e proprietários de terra. O lucro continuava, portanto, inexplicável em face da necessária equivalência da troca entre capital e força de trabalho".

Como pudemos notar, Ricardo (1974), em sua teoria da distribuição, identifica a dinâmica da relação entre capital e trabalho. Erguendo-se sobre seus ombros e aceitando a teoria do valor-trabalho, Marx construirá a mais contundente crítica da economia política clássica.

Antes de passarmos à contribuição de Marx, convém apresentar outra vertente do liberalismo, que rejeitou explicitamente a teoria do valor-trabalho, colocando em seu lugar a teoria do valor-utilidade.

Felipe Calabrez

(2.5)
Utilitarismo e visão subjetiva do valor: a teoria do valor-utilidade

O utilitarismo foi uma corrente filosófica do século XVIII que exerceu influência determinante sobre o desenvolvimento da teoria econômica dos séculos XIX e XX, de matriz neoclássica.

Tendo Jeremy Bentham (1748-1832) como o principal expoente, o utilitarismo parte da máxima de que toda a motivação humana, em qualquer tempo e lugar, pode ser reduzida a um único princípio: maximizar o prazer e minimizar a dor. Essa máxima, derivada de uma filosofia do indivíduo, tornou-se o paradigma econômico dominante, representado pela escola neoclássica. Sob essa ótica, toda e qualquer análise econômica deveria embasar-se ao princípio do indivíduo como agente racional maximizador de prazeres e utilidade. No campo da teoria econômica, o cálculo do máximo prazer torna-se o cálculo do máximo lucro, e esse cálculo é sempre o comportamento esperado e justificado como racional[9].

Adotando o utilitarismo como fundamentação filosófica da ação individual, essa corrente rejeitou as teorias do valor-trabalho como explicação da formação do valor de troca e do preço das mercadorias, colocando em seu lugar a teoria do valor-utilidade. Esse ponto é importante porque representa uma virada em relação às abordagens que temos visto até aqui sobre a origem do valor e do preço: ao passo que Smith (1974) definira o valor das mercadorias como a quantidade de trabalho que elas poderiam "comprar", e Ricardo (1974) o definira como o tempo de trabalho a elas incorporado, a teoria do

---

9 A premissa de que todo comportamento "econômico" é aquele tomado por um agente racional maximizador da utilidade guiará toda a vertente neoclássica da economia e toda a base da microeconomia.

valor-utilidade desviaria suas atenções da esfera da produção e, portanto, do trabalho.

A teoria do valor-utilidade concebe a relação entre utilidade (valor de uso) e valor de troca de maneira radicalmente diferente. Smith, Ricardo e Marx consideravam que as mercadorias deveriam ter valor de uso para terem valor de troca, mas não achavam que haveria uma explicação científica para a magnitude do valor de troca que partisse do valor de uso, isto é, achavam que não se explica o valor de troca com base no valor de uso (utilidade). Quanto a isso vale lembrar o exemplo emblemático de Smith (1974) sobre a água e o diamante (a água tem alto valor de uso e baixo valor de troca, ao passo que o diamante tem pouco valor de uso e altíssimo valor de troca). Benthan rejeita explicitamente o exemplo de Smith argumentando que o que explica o valor de troca é sim seu valor de uso (e não o trabalho). No entanto, não é sua utilidade absoluta, mas sim, como desenvolveram seus sucessores, sua **utilidade marginal**, isto é, a utilidade adicional obtida mediante o acréscimo de uma unidade da mercadoria.

Ricardo tomou conhecimento da teoria do valor-utilidade e sua crítica à teoria do valor trabalho, mas manteve sua posição, argumentando que os casos em que o valor de troca é determinado pela escassez são exceção. Para ele, a teoria do valor-utilidade poderia explicar o caso de algumas poucas mercadorias e artigos de luxo, que encontram quem se dispõe a pagar por eles, mas não têm importância significativa para o processo de acumulação de capital, que dizia respeito à produção de mercadorias em larga escala. A questão para Ricardo era a dinâmica do capitalismo industrial. Como esclarece Hunt (2005, p. 94): "a teoria do valor-trabalho se concentra nos aspectos sociais da produção e da troca das mercadorias, ao passo que a teoria do valor utilidade só se concentra nos aspectos individuais da troca".

Esquematicamente, podemos definir a distinção da seguinte maneira:

Teoria do valor-trabalho → Perspectiva da produção
Teoria do valor-utilidade → Perspectiva do mercado

Vejamos como essa concepção aparece em um autor como Jean-Batiste Say (1767-1832). Say (1982) concebia a economia política como uma fisiologia do corpo social e o processo de produção de riquezas como algo independente da organização política.

Assim como os fisiocratas, Say (1982) concebia a economia como elemento guiado por leis derivadas da natureza das coisas, as quais, assim como no mundo físico, podem ser descobertas pela ciência, mas nunca criadas ou violadas: elas estão dadas naturalmente.

Say (1982), entretanto, diferenciava-se dos fisiocratas ao considerar que a produção significava a criação de utilidade, e não a simples criação de matéria. Assim, também superava a tese fisiocrata segundo a qual apenas a agricultura pode gerar excedente, pois a manufatura e o comércio criam utilidades e, portanto, riqueza e valor.

Dessa concepção de produção como criação de utilidade, Say (1982) deriva sua teoria do valor, que difere claramente da teoria de Adam Smith. Em Say (1982), não é o trabalho a medida real do valor de troca das mercadorias, mas sim sua utilidade. É a utilidade atribuída a determinada mercadoria (aquilo para o que ela pode servir ou o que se pode fazer com ela) é que faz nascer o desejo de adquiri-la. "Os homens só atribuem preço às coisas que lhes podem ser úteis." (Avelãs Nunes, 2007, p. 444)

Repare-se que Say (1982) usa indistintamente os termos *preço* e *valor*:

a utilidade é o fundamento do valor. O preço é a medida da utilidade. Quando não existem obstáculos à livre concorrência, nem intervenções estatais, os preços do mercado refletem adequadamente os valores reais, ou seja, a utilidade dos diversos produtos. [...] Trata-se, aqui, de uma total rejeição da teoria do valor-trabalho, assim como, também, de toda a distinção entre o valor de uso e o valor de troca. O valor de Say é um valor mercante que só se define pela troca.

Repare que o conceito de utilidade de Say o faz romper com a distinção feita por Smith entre trabalho produtivo e trabalho improdutivo. Se, para Say, é a criação de utilidade, por qualquer que seja, que produz valor, então todo trabalho que se faz útil a alguém é produtivo, em que devemos incluir quaisquer serviços que satisfaçam necessidades demandadas, como o do barbeiro ou do médico. É com base nessa abordagem (a que alguns autores denominam *subjetivista* de valor) que Say desenvolve sua teoria sobre os fatores de produção. Vejamos como a seguir.

2.5.1 LEI DE SAY: A OFERTA CRIA A PRÓPRIA DEMANDA

Rompendo com a teoria do valor-trabalho, Say (1982) formula a **teoria dos três fatores de produção** (natureza, trabalho e capital). Cada um desses fatores é portador de seus "serviços produtivos", isto é, recebem determinada remuneração. Aqui, no entanto, ao contrário dos clássicos que buscavam elementos objetivos para explicar a formação desses rendimentos, tais rendimentos (ou preços) que remuneram esses fatores de produção, incluso aí o trabalho, são formados simplesmente na relação de oferta e demanda entre eles, isto é, são formados puramente no mercado, em razão de sua abundância ou escassez.

Esse movimento teórico elimina qualquer noção de conflito entre os rendimentos – por exemplo, o conflito entre capital e trabalho – e, portanto, qualquer noção que permita ver a sociedade capitalista como constitutivamente conflituosa, além de eliminar qualquer consideração sobre o justo em relação aos salários. Aqui ele sempre seria "justo" porque determinado pelo mercado, que é soberano. O problema teórico da criação do valor, que tanto preocupou os clássicos Smith, Ricardo e, como veremos, também Marx (embora na perspectiva crítica), havia sido eliminado.

A contribuição de Say que provavelmente mais se notabilizou diz respeito à dinâmica que se estabelece entre os mercados, o princípio da oferta e da demanda, conhecida como *Lei de Say*. De acordo com a **Lei de Say** o ato de produção aumenta os bens disponíveis e, simultaneamente, o poder de compra. Isso ocorreria porque a ativação da produção engendraria uma ampliação das remunerações dos fatores de produção (terra, capital e trabalho) (Say, 1982). Seguindo esse raciocínio, a oferta global e a demanda efetiva seriam necessariamente iguais, sendo a demanda tanto maior quanto maior for a produção. Daí se deriva a síntese: *a oferta cria sua própria demanda*.

À máxima ora enunciada se soma a visão de economia como tendente ao equilíbrio. Desequilíbrios são passageiros e corrigem-se naturalmente.

São estes os elementos mais importantes da contribuição de Say (1982) à economia política clássica:

- a noção subjetiva de valor, que elimina a natureza da produção capitalista, e, portanto, a distinção conceitual entre trabalho assalariado e capital, de seu esquema teórico; e
- a máxima de que a "oferta cria sua própria demanda", de onde se deriva a noção de equilíbrio, isto é, a impossibilidade teórica de conceber situações de superprodução ou de insuficiência de demanda.

As consequências dessa abordagem teórica para o modo como a dinâmica social e a relação entre economia e política são concebidas são de grande importância para a compreensão dos desenvolvimentos posteriores da economia política. Vejamos por quê.

Em primeiro lugar, ao postular que a utilidade é a fonte primária de todo o valor, a teoria do valor-utilidade pôde ignorar as diferenças conceituais entre a renda do trabalho e a renda baseada na propriedade dos meios de produção, sendo possível, assim, contornar certo incômodo a que as conclusões de Ricardo poderiam conduzir, a saber, que há uma divergência objetiva de interesses entre os rendimentos do capital e os salários. Ao eliminar essas questões de seu esquema teórico, a teoria utilitarista do valor eliminou qualquer possibilidade de se pensar no conflito de classes como algo inerente à sociedade capitalista. A economia neoclássica, ao seguir por esse caminho, foi construída para jamais precisar encarar aquelas consequências.

Em segundo lugar, ao postular teoricamente que, em um mercado livre, a oferta tenderia automaticamente a se igualar à demanda e que todos os recursos (inclusive o trabalho) tenderiam a se manter em plena utilização (pleno emprego), a Lei de Say elimina qualquer necessidade de intervenção pública sobre os mecanismos da produção e distribuição[10].

Eliminando a noção de conflito oriundo do modo de produção e da distribuição da riqueza, e suprimindo qualquer necessidade de ação do Estado (diante de conflitos, alto desemprego, crises econômicas e/ou sociais) – isso em um momento em que o capitalismo industrial já se desenvolvia plenamente e deixava óbvios seus limites

---

10 Esses dois elementos (oferta como criadora da demanda e tendência natural ao equilíbrio) serão centrais à economia clássica e se manterão hegemônicos no pensamento econômico até o século XX, quando serão refutados integralmente por Keynes, em sua *Teoria geral*, como veremos no Capítulo 4.

e contradições –, pode-se dizer que a economia política, que surgiu contestadora do Antigo Regime e seus laços feudais, foi tornando-se conservadora.

A teoria utilitarista do valor, ao eliminar a noção de conflito de seu esquema teórico ao mesmo tempo em que as crises e contradições do capitalismo se evidenciavam, tornava-se, assim, uma ciência essencialmente conservadora e justificadora do *status quo*.

2.5.2 Utilitarismo e reformas sociais

A filosofia social utilitarista desenvolvida por Bentham influenciaria diversos economistas e se tornaria a base filosófica da economia neoclássica, que passaria a ser hegemônica nos meios científicos e universitários – sobretudo no mundo anglo-saxão – nos séculos XIX e XX. No entanto, podemos dizer que os autores por ela influenciados não produziram análises tão homogêneas, havendo consideráveis diferenças, por exemplo, entre as contribuições de Say e John Stuart Mill, um utilitarista que adotou a teoria do valor-trabalho e produziu contribuições bastante ecléticas e, por vezes, contraditórias[11].

Voltando a Bentham, o "pai do utilitarismo", é interessante notar a revisão de posições que esse autor percorreu ao longo de sua obra. Vale lembrar que, na primeira metade do século XIX, a Revolução Industrial já se encontrava adiantada em alguns países da Europa, sobretudo na Inglaterra, que observava a visível deterioração das condições de vida da classe trabalhadora, o pauperismo, a organização de movimentos operários e, até mesmo, o eclodir de revoltas violentas, como foi 1848 na França. A pobreza, a contradição revelada

---

[11] J. Stuart Mill escreveu o que talvez seja o mais importante tratado sobre as liberdades individuais, base da doutrina filosófico-política do liberalismo político. Cf. Sobre a liberdade (Mill, 2017).

pela concomitante produção de riqueza e de sofrimento humano, e a eclosão de conflitos sangrentos escancaravam certos equívocos da visão liberal de harmonia social e da sustentação do *laissez-faire*. A mudança de posição de Bentham deve ser entendida nesse contexto. Em seus primeiros escritos, Bentham aceitou o princípio segundo o qual o livre mercado seria a melhor e mais eficiente forma de alocação dos recursos produtivos e a oferta sempre se igualaria à demanda, dispensando qualquer ação do Estado na esfera econômica, visão que, então, foi revista em escritos posteriores. Outra importante revisão de posições diz respeito aos efeitos socialmente perversos que o chamado *mercado* podia produzir. As crescentes desigualdades de renda e riqueza fizeram Bentham advogar a necessidade de que o governo lançasse mão de reformas que visassem reduzir o enorme grau de desigualdade que se observava. Esse movimento, que vai da defesa do puro *laissez-faire* em direção a uma atitude reformista, também pode ser observado em Stuart Mill (2017), quem, ao final de sua vida, fez grandes concessões às ideias socialistas, vendo nelas um caminho para a redução dos insuportáveis níveis de desigualdade. Sobre essa questão, vale levantar um ponto interessante.

A observação da realidade talvez fosse o elemento que impelia certos autores a rever suas posições sobre o *laissez-faire* e sobre as possíveis virtualidades da ação do Estado. Na filosofia utilitarista, entretanto, a máxima de que os indivíduos são essencialmente maximizadores apresentava um problema à defesa da intervenção do Estado: uma vez que, se os indivíduos são egoístas e maximizadores, sempre defensores de seus interesses, o governo também deveria sê-lo. Fica clara aqui a limitação que a própria teoria colocava, já que era teoricamente pouco consistente conceber a possibilidade de que os governos pudessem empreender ações em prol de algo como o *bem comum*. A própria noção de ação pública desinteressada, não restrita a interesses egoístas mas, ao contrário, republicana, tornava-se teoricamente contraditória. A máxima utilitarista no limite desautoriza o caráter público da ação do Estado.

Podemos dizer que as reformas sociais defendidas por alguns utilitaristas, se, por um lado, demostravam certa sensibilidade social, por outro eram paliativas, ao não tocarem nos mecanismos produtores daquela condição. A concepção teórica que rejeitou radicalmente a ordem econômica e social existente, fazendo sua crítica "por dentro", isto é, retornando aos alicerces do pensamento econômico clássico, focando na produção e concluindo pela total destruição da ordem capitalista, seria construída por Marx.

Síntese

Neste capítulo, apresentamos as bases fundamentais do pensamento econômico clássico. Após uma introdução sobre suas concepções filosóficas, destacamos quais foram as categorias propriamente econômicas desenvolvidas pelos autores. Para tanto, evidenciamos as origens do excedente econômico para os fisiocratas, para Adam Smith e para David Ricardo.

Após uma explicação sobre o desenvolvimento da teoria do valor-trabalho (categoria central para os economistas clássicos), abordamos a vertente do utilitarismo e seu desenvolvimento da teoria do valor-utilidade. Essa vertente opera uma ruptura significativa nos caminhos trilhados pela economia política clássica, deslocando a preocupação com a esfera da produção para a esfera da troca no mercado.

Questões para revisão

1. (FAAP). Os pensadores do liberalismo econômico, como Adam Smith, Ricardo e outros, defendiam:
   a) a intervenção do Estado na economia.
   b) o mercantilismo como política econômica nacional.
   c) a socialização dos meios de produção.
   d) a liberdade para as atividades econômicas.
   e) a implantação do capitalismo de Estado.

2. Assinale a alternativa que representa o avanço dos fisiocratas na explicação do excedente econômico:
   a) O excedente econômico é gerado no comércio internacional.
   b) O excedente econômico é fruto da exploração do trabalho.
   c) O excedente econômico é oriundo da produção agrícola.
   d) O excedente econômico é fruto do avanço tecnológico.
   e) O excedente econômico não está presente em uma economia do tipo capitalista.

3. Com base na teoria de Adam Smith, assinale a alternativa que contém os elementos que garantem o equilíbrio entre a quantidade de bens ofertados e a de bens demandados no mercado:
   a) Forte regulamentação do Estado sobre a produção.
   b) Intensa produção agrícola para evitar escassez.
   c) Medidas protecionistas para evitar o escoamento de produtos para outros países.
   d) Garantia da livre iniciativa entre produtores.
   e) Existência de monopólios.

4. Por que, para o pensamento liberal, a intervenção do Estado nas atividades econômicas não poderia produzir melhorias de bem-estar e de riqueza?

5. Explique o que é o mecanismo de formação dos preços de mercado em Adam Smith.

Questão para reflexão

1. Um dos pontos importantes para o pensamento econômico clássico (liberal) é o fato de que ele parte de uma filosofia social segundo a qual a busca egoísta do interesse individual não seria nociva do ponto de vista da sociedade, uma vez que, ao contrário, produziria harmonia e seria a forma mais eficiente de gerar riqueza e bem-estar social. O indivíduo, portanto (e não o Estado, a nação, a classe ou a coletividade), é a categoria central para o liberalismo. Procure identificar essa centralidade da noção de indivíduo (e de sua liberdade) nos discursos econômicos contemporâneos.

Para saber mais

A noção de liberdade foi extremamente sedutora e exerceu fortíssima influência, tendo oferecido as bases do pensamento político do mundo moderno. O leitor que quiser se aprofundar sobre os fundamentos desse assunto pode conferir um importante tratado em: MILL, J. S. **Sobre a liberdade e A sujeição das mulheres.** São Paulo: Penguin Classics/Companhia das Letras, 2017.

Capítulo 3

Marx e o marxismo

Conteúdos do capítulo:

- As bases filosóficas do pensamento de Karl Marx.
- Breve percurso intelectual de Marx em direção à economia política.
- Os elementos principais da crítica de Marx à economia política clássica.
- A visão de Marx sobre a dinâmica do sistema capitalista e sobre o Estado.

Após o estudo deste capítulo, você será capaz de:

1. contextualizar os fundamentos do materialismo histórico;
2. identificar os elementos essenciais à existência do modo capitalista de produção;
3. explicar qual a origem do lucro na visão marxista;
4. entender por que o sistema capitalista tende a produzir crises.

> A liberdade burguesa, que foi, no século XVIII, uma arma contra as tiranias feudais, transformou-se, no século XIX, numa arma contra as reivindicações operárias. Foi em nome da liberdade que em 1841 a burguesia se opôs à lei contra o trabalho das crianças nas minas – seria uma ingerência inadmissível do estado contra a liberdade dos industriais.
>
> (Garaudy, citado por Avelãs Nunes, 2007, p. 180)

O desenvolvimento do capitalismo, com o avanço da Revolução Industrial e o advento da maquinaria e das formas mais eficientes de produzir mercadorias em larga escala, deixava claro que aquela revolução nas formas de produzir não retrocederia. A possibilidade de produzir riquezas, no entanto, trazia consigo gritantes contradições. Nascia também a **moderna pobreza**.

A situação em que a classe operária vivia, apinhada nos subúrbios de Manchester e Lancashire, vivendo em condições sub-humanas e sob condições de trabalho com jornadas intermináveis, não podia ser escondida. E não era preciso entender a dialética hegeliana para notar que essa pobreza era parte da mesma engrenagem que produzia a riqueza. A classe que abarrotava o mundo de mercadorias vivia sob a mais absoluta miséria[1]. Por toda a Europa brotavam correntes socialistas e experiências de organização da classe operária. A gritante contradição pode ajudar a entender por que um autor liberal como John Stuart Mill deslocou suas concepções políticas até aproximá-las de alguns pontos defendidos pelos socialistas.

Apesar do flerte de Mill, foi na França que as ideias socialistas ganharam mais força. Tendo nomes como Saint-Simon e Proudhon, a vertente – que depois será chamada por Marx de *socialismo*

---

1   Friedrich Engels (1975) fez uma boa descrição dessa situação.

Felipe Calabrez

utópico – denunciava com veemência as injustiças do sistema, em especial o advento da propriedade privada. Mas a elaboração teórica de maior fôlego já produzida contra o sistema capitalista viria de um filósofo de origem hegeliana. A novidade de Karl Marx não foi ter feito a denúncia radical da realidade e a defesa de sua superação. A novidade foi ter embasado essa crítica seguindo o caminho dos economistas clássicos. É o que veremos adiante.

(3.1)
Materialismo histórico-dialético e alienação do trabalho

Os filósofos se limitaram a interpretar o mundo diferentemente,
cabe transformá-lo.
(Marx, 1974b, p. 79 – tese 10 das "Teses contra Feuerbach")

Karl Marx (1818-1883) figura, sem dúvida alguma, como um dos pensadores mais influentes da história. De mente inquieta e com contribuições que se espraiam pelas áreas de sociologia, filosofia e economia política, os pensamentos marxiano e marxista influenciaram diretamente a divisão do mundo geopolítico em dois polos que se mantiveram em conflito ao longo de quase todo o século XX – para ficarmos com um exemplo nada banal – e suscita as mais calorosas paixões e controvérsias acadêmicas e políticas até hoje.

A contribuição de Marx à economia política só adquire sentido se tivermos alguma compreensão sobre os elementos basilares do conjunto de seu pensamento e de seu compromisso político com a radical transformação social. Materialismo histórico e revolução social, sintetizados na supracitada *Teses contra Feuerbach*, são elementos indissociáveis em seu pensamento.

O interesse de Marx pela economia política inglesa, portanto, só pode ser perfeitamente compreendido quando inserido no quadro de sua trajetória filosófica e intelectual. Foge ao escopo da proposta deste livro trazer um levantamento dessa extensa e rica trajetória, que passa por pensadores antigos como Demócrito e Epicuro, e modernos, como Hegel, Feuerbach, Saint-Simon, Proudhon, entre outros. Mas talvez valha, dessa complexa trajetória que renderia inúmeros debates, eleger um fio condutor que nos sirva de referência. Tendo em conta se tratar este de um livro de economia política, nosso fio condutor residirá nas noções – em movimento ao longo de sua trajetória – de *materialismo histórico* e de *trabalho*, porque estas deságuam, de maneira lógica, nas questões que serão centrais à economia política marxista[2].

Marx desenvolve seu sistema de pensamento em reação explícita a Hegel e seus herdeiros alemães, os "jovens hegelianos". Apesar de conservar a lógica da dialética hegeliana, Marx se levanta contra o idealismo do mestre alemão, um modo de conceber a relação entre pensamento e o "mundo real" que conferia uma exagerada autonomia ao primeiro: "Não é a consciência dos homens que determina o seu ser; é o seu ser social que, inversamente, determina sua consciência", formula Marx na *Contribuição à crítica da economia política*" (Marx, 2011, p. 5) de maneira a inverter o sentido do pensamento hegeliano.

No lugar da "evolução geral do espírito humano" de Hegel como elemento condutor da história, Marx coloca o que chama de indivíduos reais, concretos, em suas relações materiais de vida. É com base no modo como os sujeitos produzem e reproduzem seus meios de

---

[2] *De maneira simplificada, podemos dizer que as principais fontes do pensamento de Marx foram: (1) o sistema filosófico de Hegel; (2) o socialismo francês; e (3) a economia política inglesa.*

vida que se pode explicar o que eles são. Como sintetiza Emir Sader, em apresentação à *A ideologia alemã*, "A apreensão do significado que as formas de reprodução da vida têm para a existência humana representa a primeira grande formulação do materialismo dialético para a compreensão da história e da consciência humana" (Sader em Marx; Engels, 2007, p. 14). Ou, ainda, nas palavras dos autores: "A produção de ideias, de representações, da consciência, está, em princípio, imediatamente entrelaçada com a atividade material e com o intercâmbio material dos homens, com a linguagem da vida real" (Marx; Engels, 2007, p. 93).

Ao postular que a produção/reprodução da vida material é determinante sobre as formas de organização social e os tipos de consciência, o materialismo atribui centralidade ao trabalho. De acordo com a **ontologia materialista**, isto é, sua visão sobre o ser, o homem é um ser social cuja característica distintiva em relação aos animais é a capacidade de transformar a natureza por meio do trabalho, e, ao fazê-lo, produzir as condições de reprodução de sua vida material. O potencial transformador do trabalho, entretanto, encontra-se limitado pela forma histórica pela qual ele se organiza sob o capitalismo.

> *O trabalho produz ao mesmo tempo mercadorias e o operário enquanto mercadoria. O resultado do trabalho se enfrenta com seu produtor como um objeto alheio, estranho – está dado o mecanismo essencial de explicação da alienação. Como produtor, o operário não se sente sujeito, mas objeto do seu objeto.* (Sader em Marx; Engels, 2007, p. 12-13)

Nesse contexto, passando do idealismo de Hegel ao materialismo de Feuerbach, a noção de *trabalho* aparece em Marx inicialmente relacionada ao conceito de alienação. O *trabalho*, definido como a atividade mais essencial do ser humano, ao colocá-lo em relação metabólica com a natureza e permitir a transformação desta em objetos úteis à vida, é uma categoria fundamental no pensamento de Marx.

No entanto, na realidade histórica que Marx observava, o trabalho, embora permanecesse central à satisfação das necessidades elementares da vida, havia transformado-se, de atividade potencialmente criadora, em atividade maçante, repetitiva e organizada socialmente de maneira a subtrair do agente direto do trabalho, do produtor direto (operário) o fruto de seu trabalho. O ser humano não se reconhece no que faz, no que produz. Tinha-se aí o conceito filosófico de *alienação do trabalho* ou *trabalho alienado*.

Sob o capitalismo, o trabalho seria **alienado** sob um duplo aspecto:

1. alienado porque o produtor só participa de uma pequena parte do processo produtivo, restrito a operações simples e repetitivas;
2. alienado porque o fruto de seu trabalho lhe é subtraído por conta do modo social de organização da produção, modo marcado pela propriedade privada dos meios de produção, de um lado, e do trabalhador destituído desses meios, de outro[3].

Vale notar que a alienação decorrente da atividade restrita a poucas e repetitivas operações que compõem a produção de uma mercadoria diz respeito precisamente à divisão do trabalho analisada por Smith (1974) e apresentada no capítulo anterior. Para Marx, essa divisão ensejava elementos contraditórios, já que, por um lado, produzia o desenvolvimento das forças produtivas, com a consequente

---

3   Marx apresenta essas reflexões em livro posteriormente publicado com o título de Manuscritos econômico-filosóficos, *de 1844, muito antes de desenvolver sua crítica à economia política inglesa.*

ampliação da capacidade de produzir riquezas, mas, por outro lado, concentrava essa riqueza em uma só classe, relegando ao proletariado um trabalho alienado, a miséria e o desperdício das potencialidades humanas.

> *O crescente emprego de máquinas e a divisão do trabalho despojaram a atividade do operário de seu caráter autônomo, tirando-lhe todo o atrativo. O operário torna-se um mero apêndice da máquina e dele só se requer o manejo mais simples [...]. Desse modo, o custo do operário se reduz, quase exclusivamente, aos meios de subsistência que lhe são necessários para viver e perpetuar sua espécie.* (Marx; Engels, 2017, p. 27-28)

Tendo em vista o exposto, podemos entender que a crítica de Marx se dirige não ao trabalho em si, mas à **divisão social do trabalho**, isto é, ao modo como ele é socialmente organizado e determinado. É a divisão social do trabalho a geradora da alienação e da divisão da sociedade entre uma classe que produz a riqueza e outra que dela se apropria. Trata-se, em suma, da divisão entre **burguesia** e **proletariado**. Essa divisão da sociedade entre duas classes – cujos interesses são opostos – é engendrada pela existência da propriedade privada dos meios de produção, como veremos adiante.

(3.2)
Economia política: um caminho lógico

Esse pequeno preâmbulo nos ajuda a entender por que o materialismo histórico leva Marx a procurar a explicação da constituição e da dinâmica do mundo social na economia política. Situando historicamente sua investigação materialista, Marx estava preocupado em compreender a anatomia da sociedade civil (ou sociedade burguesa), pois ali, na esfera das relações sociais concretas, e não na esfera jurídico-política e nas grandes doutrinas filosóficas, estaria a chave para entender as engrenagens que movem a história. Por esse percurso, Marx (2011, p. 5-4) conclui: "a anatomia da sociedade civil deve ser procurada na economia política".

Aqui vale a pena reproduzirmos o célebre trecho do Prefácio à *Contribuição à crítica da economia política*, no qual Marx sintetiza a conclusão a que suas pesquisas lhe conduziram, construindo o método de análise do materialismo histórico:

> *A conclusão geral a que cheguei e que, uma vez adquirida, serviu de fio condutor dos meus estudos, pode formular-se resumidamente assim: na produção social da sua existência, os homens estabelecem relações determinadas, necessárias, independentes da sua vontade, relações de produção que correspondem a um determinado grau de desenvolvimento das forças produtivas materiais. O conjunto dessas relações de produção constitui a **estrutura** econômica da sociedade, a base sobre a qual se eleva uma **superestrutura** jurídica e política e à qual correspondem determinadas formas de produção. O modo de produção da vida material condiciona o desenvolvimento da vida social, política e intelectual em geral.* (Marx, 2011, p. 5, grifo nosso)[4]

---

4 *Vale ressaltar um elemento central na teoria de Marx: aquilo que ele chama de estrutura (ou também, em algumas traduções, infraestrutura), é o que diz respeito às relações materiais de produção. Essa "esfera" é, para Marx, determinante em relação à superestrutura, que diria respeito ao campo do direito, da política e do pensamento. Em último caso, poderíamos dizer que a superestrutura se constitui como reflexo da infraestrutura, que é a base material da sociedade. Uma consequência teórica que podemos extrair daí é que o Estado e as formas jurídicas não podem ser entendidos com base em si mesmos, isto é, de maneira desvencilhada da infraestrutura. Uma consequência política – tendo em vista o compromisso do marxismo com a transformação social (a Revolução) – é a de que não adiantaria "mudar" o Estado e as leis, já que a raiz do problema (de exploração e desigualdade) residiria na infraestrutura, nas relações materiais; na própria sociedade.*

Felipe Calabrez

Tendo em vista que o materialismo histórico procura o alicerce da dinâmica de funcionamento e desenvolvimento das relações sociais na esfera material, isto é, nas relações materiais com base nas quais a sociedade produz os bens necessários à satisfação de suas necessidades elementares (que são, por definição, materiais, como vestimentas, abrigo, ferramentas etc.), e a satisfação das necessidades materiais passa necessariamente pela atividade do trabalho, podemos não apenas compreender por que o percurso teórico filosófico de Marx o conduziu à economia política, mas também entender por que ele pôde constatar na teoria do valor-trabalho um caminho profícuo a desenvolver.

Marx aceitaria o núcleo lógico fundamental da economia política clássica, que é a teoria do valor-trabalho, e procuraria, com base nela, compreender o funcionamento da sociedade capitalista, ou, mais precisamente, do **modo de produção capitalista**, um modo de produção historicamente situado que apresenta características específicas que o diferem de todos os modos de produção precedentes na história.

Para Marx, a característica específica do modo de produção capitalista é a separação total entre o agente do processo de trabalho e a propriedade dos meios de produção. Na verdade, essa separação foi condição prévia para o surgimento do capitalismo. "Isto porque somente tal separação permite que o agente do processo de trabalho, como pura força de trabalho subjetiva, desprovida de posses objetivas, se disponha ao assalariamento regular [...]." (Gorender, 1983, p. XIX)

Essa separação, situada no processo produtivo (portanto, objetiva), gera uma sociedade cindida em duas classes fundamentais (porque indispensáveis a esse modo de produção) e cujos interesses são opostos e inconciliáveis. Tais classes são a burguesia e o proletariado.

Marx e Engels abrem o *Manifesto do Partido Comunista*, redigido em 1848 com a seção "Burgueses e Proletários", assim definidos:

Por burguesia entende-se a classe dos capitalistas modernos, proprietários dos meios de produção social que empregam trabalho assalariado. Por proletário, a classe dos assalariados modernos que, não tendo meios próprios de produção, são obrigados a vender sua força de trabalho para sobreviver (Nota de F. Engels à edição inglesa de 1888). (Marx; Engels, 2017, p. 22)

Sendo essa separação a base do funcionamento do modo de produção capitalista e sua característica específica, Marx não considera que as relações mercantis e a circulação monetária – com a existência do capital comercial e do capital de empréstimo –, tal como se apresentavam já na Antiguidade greco-romana, sejam suficientes para caracterizar aquele modo de produção como capitalista. Como adverte Gorender (1983, p. XXXVII), "Somente com o capital industrial, que atua no processo de criação do sobreproduto mediante a exploração de trabalhadores assalariados, é que se constitui o modo de produção capitalista".

Figura 3.1 – Marx e Engels na praça Alexanderplatz, em Berlim

O mesmo autor enuncia, de maneira sintética, a finalidade de Marx em *O capital*: "desvendar a lei econômica da sociedade burguesa, ou, em diferente formulação, as leis do nascimento, desenvolvimento e morte do modo de produção capitalista" (Gorender, 1983,

p. XXVIII), lembrando que, por *leis*, Marx entende algo totalmente diferente daquilo que entendiam os economistas clássicos. Não há, para Marx, nada de natural e supra-histórico nas leis de desenvolvimento do capitalismo. Elas são, ao contrário, históricas e construídas pelas próprias relações sociais concretas. Portanto, são assim como o próprio capitalismo, concebidas como fenômeno social historicamente transitório.

O mesmo raciocínio se aplica à lei do valor em Marx. "Para Smith e Ricardo, o valor não era uma qualidade social dos produtos, mas algo natural como o peso ou a consistência. Indiferente, portanto, às formas sociais. Para Marx, o valor é, antes de tudo, uma substância social-histórica." (Gorender, 1983, p. XXXIV)

Vejamos, a seguir, como Marx desenvolveu sua teoria do valor.

3.2.1 Mercadoria e valor

Como visto, Smith e Ricardo superaram a concepção fisiocrática de excedente econômico em termos de produto físico, chegando à noção de valor, cuja origem é o trabalho humano. Mas, como adverte Gorender (1983, p. XXX), a ideia de valor implica a troca de equivalentes, restando aos economistas clássicos "tornar coerente a necessidade de troca de equivalentes com a apropriação do valor excedente pelo proprietário do capital".

> *Smith enfrentara a questão com a ideia de que o valor das mercadorias se media pela quantidade de trabalho que podiam comandar, sugerindo que havia uma diferença positiva entre o custo de cada mercadoria em termos de trabalho consumido e em termos de trabalho que fosse capaz de comprar. Não obstante, a origem de tal diferença positiva – o lucro do capital – ficava inexplicada no quadro de um regime de troca de equivalentes e, por isso mesmo, Smith designava o lucro como "dedução".*

Ricardo desenvolveu a teoria do valor, ao defini-lo como tempo de trabalho incorporado à mercadoria, porém desviou sua investigação da origem do excedente para o da distribuição do produto entre assalariados, capitalistas e proprietários de terra. O lucro continuava, portanto, inexplicável em face da necessária equivalência da troca entre capital e força de trabalho. (Gorender, 1983, p. XXX-XXXI)

Nessa passagem, Gorender (1983) sintetiza o movimento lógico da teoria do valor-trabalho. A solução encontrada por Marx para a questão posta anteriormente (a explicação da origem do lucro) reside na **teoria da mais-valia**. Acompanhemos na sequência o raciocínio marxiano.

Primeiramente, deve-se observar a distinção entre *trabalho* e *força de trabalho*. Embora o trabalho se apresente, no sistema capitalista, como mercadoria, ele não o é efetivamente. O que o capitalista (ou burguês) compra, na verdade, é a força de trabalho. O *trabalho* propriamente dito consiste no uso dessa *força de trabalho*, que, por meio do processo produtivo, cria um valor maior do que aquele contido no salário. Dito de outro modo, o salário não paga o valor do trabalho, mas o valor da força de trabalho. Ora, se o valor produzido pelo trabalho é superior ao salário recebido, há, nessa relação, um tempo ou uma quantidade de trabalho não pago. Esse valor ou trabalho não pago é apropriado pelo capitalista sob a forma de mais-valia.

Os salários seriam o pagamento do equivalente pelo equivalente. O ganho do empregador (mais-valia) é, portanto, a diferença entre o valor da força de trabalho (que o capitalista leva à conta dos custos de produção sob a forma de salários) e o valor que a força de trabalho cria (que o capitalista realiza pela venda das mercadorias no mercado, mesmo quando estas são vendidas pelo seu valor). (Avelãs Nunes, 2007, p. 506)

Felipe Calabrez

O que determina o valor da força de trabalho (e não o valor produzido pela atividade e pelo esforço dispendido no ato produtivo, o trabalho propriamente dito) é o tempo de trabalho socialmente necessário para sua reprodução (o operário despende diariamente uma quantidade de energia que precisa ser reconstituída, o que envolve alimentação, vestuário, habitação etc.). Esse valor é trocado pelo salário por meio da relação de compra e venda da mercadoria (força de trabalho). Essa relação é tomada no capitalismo como uma troca de equivalentes, e este é o ponto central para Marx: essa troca de equivalentes autoriza o contratante (capitalista) a consumir essa "mercadoria". O ato do trabalho, no entanto, ao produzir um valor superior àquele pelo qual foi pago, permite a extração de determinada taxa de mais-valia e configura essa relação, que aparece como uma livre troca de equivalentes, como uma **relação de exploração**.

Marx distingue, ainda, a mais-valia **absoluta** da mais-valia **relativa**. A primeira é obtida mediante o prolongamento das horas que compõem a jornada de trabalho, o que aumentaria, logicamente, a quantidade de trabalho não pago (ou a taxa de mais-valia absoluta), e a segunda é resultante do progresso técnico que viabiliza aumentar a produtividade do trabalho, isto é, permitindo-o criar mais valor a ser apropriado pelo capitalista, com o mesmo tempo de trabalho e o mesmo salário.

Esse é o coração do sistema capitalista de produção industrial, ou seja, característica inerente a esse sistema, e aquilo que Marx buscou desvendar, trata-se de uma relação exploratória em sua essência, embora sob a aparência de uma relação de troca livre entre equivalentes. É precisamente aqui que a economia política marxista busca avançar em relação à economia política clássica (ou burguesa). O pensamento burguês não poderia desvendar a real essência (exploração) contida no modo de produção capitalista. Só o marxismo, com base no método do materialismo histórico-dialético, poderia apontar as contradições inerentes a esse sistema e concluir pela necessidade de sua total superação.

(3.3)
Dinâmica do sistema capitalista

O processo descrito no tópico anterior, marcado pela total separação entre o trabalhador e os meios de produção e pela apropriação do sobrevalor gerado pelo trabalho, é, como dito pelo marxismo, a característica específica do modo de produção capitalista. Essa apropriação da mais-valia caracteriza a relação entre trabalho e capital como uma relação de exploração. O que o capitalismo trazia de novidade e que chamou a atenção de Marx, no entanto, não era a natureza exploratória do trabalho, mas o fato de que a apropriação do valor gerado pelo trabalho concretizava-se por mecanismos especificamente "econômicos". Isto é, se, no feudalismo, o senhor feudal se apropriava do excedente da produção por meio de mecanismos coercitivos, deixando claras, então, as relações de poder entre pessoas, no capitalismo essa apropriação aparecia como livre-troca de equivalentes no mercado: "A relação entre as pessoas se esconde atrás da relação entre as coisas" (Gorender, 1983, p. XXXIV). Por essa razão, Marx entende que o **capital é uma relação social**.

Já temos até aqui esclarecidos alguns pontos centrais da análise de Marx sobre o capitalismo. Vejamos:

- O sistema exige a separação entre propriedade privada dos meios de produção e produtor direto (trabalhador assalariado destituído dos meios de produção).

- Ele engendra uma relação na qual o proprietário dos meios de produção se apropria da mais-valia resultante do trabalho, caracterizando-a como uma relação de exploração do trabalho pelo capital.
- O caráter de exploração dessa relação é ocultado, uma vez que, aparentemente, ela é uma livre troca de equivalentes, mas, em essência, é uma relação social desigual e exploratória.
- A economia política clássica (aqui sinônimo de *burguesa*) contribui para ocultar o caráter de exploração dessa relação, apresentando-a como manifestação de leis naturais e a-históricas, quando, na verdade, ela é resultado da atividade humana, é historicamente situada e é transitória.

Evidenciadas essas características elementares do modo de produção capitalista, é necessário entender alguns elementos centrais da dinâmica desse sistema.

Para começar, é preciso ter claro que as mercadorias não são produzidas tendo em vista a satisfação das necessidades (valor de uso), mas tão somente o aumento do valor, o lucro. Em outras palavras, todo o sistema tem como princípio motor valorizar o capital, isto é, dizendo de modo simples, fazer o dinheiro gerar mais dinheiro.

Como visto, a fonte do valor é o trabalho. É a atividade do trabalho, no ato da produção, que gera o valor. O segredo do valor não está, portanto, na esfera da circulação, mas na esfera da produção. Lá está o segredo do lucro, diz Marx[5]. Mas esse lucro só se realiza mediante a venda da mercadoria produzida, portanto, na esfera da circulação. A lógica do processo de acumulação do capital parte do

---

5   Todo o raciocínio sobre o processo de circulação e produção é desenvolvido no conjunto da obra O capital. Para o início do raciocínio, consulte o Livro I, do Tomo I d'O capital (Marx, 1983).

dinheiro, que, em seu imperativo de "se tornar mais dinheiro", produz a mercadoria e vende-a no mercado a um valor superior. Em uma representação esquemática:

$$D - M - D'$$

No caso, D é dinheiro, M é a mercadoria em que ele se transforma e D' é a transformação novamente em dinheiro após sua venda. D' é > que D, pois nele está incluído o lucro realizado após a venda. O segredo dessa diferença, como vimos, reside no processo produtivo por meio do qual se extrai uma quantidade de valor do trabalho superior àquele pago pela força de trabalho, denominado *mais-valia* (Marx, 1983).

A força motora do sistema, aquilo que o impulsiona e põe todo o processo em movimento, é a valorização do capital, a acumulação. O capitalismo é um processo de **produção** e **acumulação** e, como tal, só pode ser compreendido em seu **movimento**. Esse incessante movimento de acumulação traz consigo a tendência à concentração do capital em poucas mãos. Aqui é a concorrência que faz com que os maiores englobem os menores, em um processo de "expropriação do capital pelo capital".

Assim, a lei do valor é o princípio regulador do modo de produção capitalista, operando como uma tendência reguladora da produção, já que os capitalistas privados não respondem a um planejamento ou comando central. No entanto, ela não pode ser confundida com a noção de equilíbrio, como em Say e em outros economistas liberais: "A lei do valor, na concepção marxiana da produção capitalista, é a lei reguladora da distribuição das forças produtivas, porém não é sua lei do equilíbrio" (Gorender, 1983, p. XXXV).

O que se tem em Marx não é uma teoria do equilíbrio, mas uma **teoria das crises**. A tendência do capitalismo é passar por crises periódicas engendradas por contradições inerentes à própria lógica de acumulação.

> Esta natureza cíclica do movimento da reprodução tem a causa fundamental no impulso inelutável do capital à sua valorização (de outra maneira não seria capital), o que o leva a chocar-se numa frente geral, periodicamente, com as barreiras que a própria valorização cria para o desenvolvimento das forças produtivas. Tais barreiras inexistiriam se o capital não precisasse valorizar-se e conduzir a acumulação ilimitada a colidir com a forma capitalista de sua concretização. (Gorender, 1983, p. LX)

As barreiras anteriormente mencionadas são criadas, portanto, pelo seu próprio movimento, que pode levar a crises de superprodução, com o excesso de capacidade produtiva e, seu corolário, o subconsumo. Para esclarecer como ocorre esse processo, Marx dividiu a economia capitalista em dois setores ou departamentos: departamento I (produtor de bens de consumo) e departamento II (produtor de bens de capital). A reprodução do capital, para que ocorra sem disfuncionalidades, depende de que o produto social se divida de maneira proporcionalmente adequada entre esses dois departamentos. Isto é, uma parte do produto social ou da mais-valia (já que todo excedente é dela derivado) deve ser absorvida pelo consumo pessoal, e outra parte deve ser reinvestida na produção. Ocorre, entretanto, uma tendência à desproporcionalidade entre o crescimento dos dois departamentos da economia, levando às crises.

Outro elemento fundamental da dinâmica do capitalismo é a tendência à queda da taxa de lucro (Marx, 1983). Essa tendência havia sido explicada por Ricardo (1974), como vimos no capítulo anterior, com base na lei dos rendimentos decrescentes (descrita em nota no

Capítulo 2) da agricultura, o que elevaria o custo de reprodução do trabalho, impelindo a um aumento dos salários nominais pagos no setor industrial, reduzindo os lucros. Marx (1983) rejeita essa explicação, transportando o elemento explicativo para o próprio capital industrial. Vejamos o raciocínio marxiano.

O capital mobilizado na produção industrial é composto por **capital constante e capital variável**. Capital constante é o dinheiro empregado na compra de máquinas, equipamentos e instalações, e o variável é composto pelos salários. A relação entre ambos é expressa pela **composição orgânica do capital**. A tendência histórica observada por Marx (1983) é a de que ocorra uma elevação da composição orgânica, traduzida no aumento do coeficiente do capital constante em relação ao capital variável. Essa tendência a uma acumulação de capital, chamada de *poupadora de mão de obra*, pode ser explicada pelo aperfeiçoamento das técnicas de produção e modernização da maquinaria, o que permite o aumento da produtividade do trabalho (ou aumento de extração do valor do trabalho ou da taxa de mais-valia) sem que haja um aumento dos salários. Nesse processo tem-se, nos termos de Marx (1983), uma redução da participação do trabalho vivo em relação ao trabalho morto (trabalho passado, cristalizado na produção dos meios de produção) por unidade de produto.

Esse movimento leva, então, a um aumento da quantidade de mercadorias produzidas sem que haja um aumento da mão de obra empregada e dos salários. Aqui reside uma contradição fundamental do sistema: o imperativo da acumulação, que só pode ocorrer mediante a extração de mais-valia do trabalhador, leva a um aumento da produção sem que ocorra um aumento correspondente dos postos de trabalho e dos salários dos operários. A tendência (é importante lembrar que Marx sempre fala em *tendências*, pois, no movimento real, há diversos fatores operando em conflito e contradição) é que ocorra uma inundação de mercadorias sem a correspondente capacidade de consumo. Produz-se, assim, um desequilíbrio entre os dois departamentos da economia e um travamento no ciclo de reprodução ampliada do capital: o circuito D – M – D' não se completa sem a venda das mercadorias. Tem-se, então, uma crise de superprodução engendrada pelas contradições inerentes à própria lógica de acumulação do capital (Marx, 1983). O impulso do capital a se valorizar sem considerar quaisquer elementos que não sua própria valorização é o que provocará sua destruição.

Vale frisar que a ideia de crise em Marx não é igual à de crise para a teoria keynesiana, como será visto no próximo capítulo. Marx não defendeu a ideia de que as crises se desencadeariam por insuficiência de demanda, como em Keynes.

> O que sucede é que a elevação conjuntural dos salários – nas condições de exaustão do exército industrial de reserva – importa em decremento da taxa de mais-valia e, por conseguinte, da taxa de lucro, o que, por sua vez, desacelera e acaba freando o processo de acumulação do capital. Mas esta mesma elevação conjuntural dos salários resulta da prévia superacumulação de capital em que o auge do ciclo culmina e conduz à mobilização completa ou quase completa do efetivo operário disponível. A superacumulação do capital traz consigo o agravamento da desproporcionalidade entre os dois departamentos da produção social e a superprodução de mercadorias postas à venda, acabando por provocar insuficiência catastrófica de demanda e crise aguda de realização, sobretudo de bens de produção. Tal insuficiência de demanda não constitui, portanto, causa, mas consequência da superprodução, entendida, antes de tudo, como superprodução de capital. (Gorender, 1983, p. LX-LXI)

O trecho citado é importante para clarificar o significado da noção marxista de crise. Para Marx, as crises são inerentes à própria lógica do capitalismo e não podem, portanto, ser corrigidas sem que haja a total superação do sistema. Não há saída dentro do capitalismo.

3.3.1 FINANCEIRIZAÇÃO

Algumas características que o desenvolvimento do capitalismo assumiu ao longo dos séculos XIX, XX e, até mesmo, do século XXI, podem ser mais bem entendidas quando retornamos às contribuições de Marx.

A obra *O capital* constitui-se no que talvez tenha sido o maior e mais completo esforço de explicação do sistema capitalista em sua totalidade, considerando o princípio fundamental e a dinâmica dele (Marx, 1983). Um dos notáveis esforços de Marx, além de explicar as "leis" que movimentam o sistema, foi o de buscar, com base nelas, captar certas tendências.

Podemos dizer, por exemplo, que uma das tendências que Marx vislumbrou e que não se realizou foi a polarização da sociedade capitalista entre suas duas classes fundamentais: o proletariado e a burguesia (Marx, 1983). Embora quase todas as atividades se submetam ao capital, como é o exemplo do médico que é assalariado por uma grande empresa – e nisso Marx foi implacável –, o aspecto desse trabalho assalariado não se assemelhou muito ao imaginado pelo filósofo/sociólogo/economista. Um exemplo aqui é o enorme aumento do setor de serviços, entre outros tipos de trabalho de difícil classificação, o que rendeu um grande debate sobre proletarização e até sobre o fim do trabalho proletário[6].

Nesse contexto, um aspecto bastante visível no capitalismo contemporâneo e que encontra em Marx importantes contribuições

---

6 *Um rico debate sociológico pode ser encontrado em Antunes (2010) e Gorz (1982).*

elucidativas diz respeito ao que muitos autores chamam de *financeirização*. O debate que se desenvolveu sobre a predominância das finanças e sua lógica de acumulação encontra, nos Livros II e III d'*O capital*, um importante precursor. Poderíamos sintetizar seu elemento fundamental da seguinte forma: se "fazer mais dinheiro" é o princípio motor do sistema, a esfera da produção de mercadorias não passaria de um meio, razão pela qual pode ser dispensável em certas circunstâncias.

Assim, já n'*O capital*, Marx desenvolve os conceitos de *capital portador de juros*, que é o capital de empréstimo de um capitalista para outro, que o empregará na produção extraindo dele a mais-valia e remunerando o emprestador com parte dessa mais-valia sob a forma de juros. Com o transcorrer da história, o sistema de crédito se desenvolveu bastante, surgiram as sociedades por ações e ocorreu um aumento gigantesco das dívidas públicas, que rentabilizam aquilo que Marx chamou de *capital fictício*, que é um capital cujo rendimento é uma mera recompensa à propriedade do capital, não necessitando passar pela esfera produtiva (Garagorry, 2007)[7].

Mais recentemente, na segunda metade do século XX, o sistema assistiu a um aumento da riqueza em sua forma financeira, decorrente, em parte, da proliferação sem precedentes de produtos ou inovações financeiras, com uma enorme complexificação de "papéis" compostos por dívidas, securitização de dívidas, entre outras invenções que permitiram que uma massa gigantesca de capitais se valorizasse de maneira aparentemente desvinculada da esfera da produção, isto é, da economia real. Esse processo foi analisado por economistas que

---

7   Hilfreding (1985) desenvolveu, com base nos estudos de Marx, uma análise do capital financeiro, entendido como a fusão entre o grande capital bancário com o capital industrial.

se baseiam explicitamente na tradição marxista, os quais cunharam conceitos como o de *mundialização financeira* (Chesnais, 1998) e *regime de acumulação com dominância financeira* (Boyer, 2009; Paulani, 2009)[8]. O conceito marxista de crises, ligadas a problemas no processo de valorização do capital, também se mostra bastante atual. A própria financeirização é, sob a ótica marxista, o resultado de problemas no processo de realização do capital.

(3.4)
MARXISMO, ESTADO E POLÍTICA: BASES PARA A TRANSFORMAÇÃO SOCIOECONÔMICA

Como deve ter ficado claro desde o início deste capítulo, o marxismo apresenta-se como uma verdadeira ferramenta teórica para a compreensão do capitalismo, com vistas à transformação radical desse sistema. A perspectiva filosófica revolucionária de Marx produz algumas consequências para o modo como o marxismo concebe o Estado e a política.

Da perspectiva do materialismo histórico-dialético, como visto, as formas de Estado e as estruturas jurídico-políticas não podem ser explicadas com base em si mesmas. Elas só poderiam ser compreendidas em referência às relações materiais de vida, às relações de produção, aquilo a que Marx chamará de *infraestrutura*. É dessa infraestrutura, marcada por relações de exploração, que se derivam as instituições políticas e jurídicas, também chamadas de *superestrutura* (falamos sobre isso em nota de rodapé na Seção 3.2).

Com base nessa perspectiva, a **política** e o **Estado** não têm vida própria, ou autonomia, em relação à sua infraestrutura. Elas só podem

---

8   *Alguns aspectos dessas análises serão retomados no Capítulo 5.*

ser o **reflexo das relações de poder** que se estabelecem na base, nas relações econômicas, ou, se quisermos, na sociedade civil[9]. Assim, há a impossibilidade da existência de um "Estado racional" que se coloque acima das partes em conflito. O poder do Estado não paira no ar; ele deriva do poder da classe dominante.

É, portanto, com base em todo esse constructo teórico, e não apenas em uma observação empírica, que Marx e Engels (2017) afirmam, no *Manifesto do Partido Comunista*, que o Estado é o comitê de negócios da burguesia. Essa afirmação sintética procura condensar todo o raciocínio do materialismo histórico segundo o qual a instituição do Estado burguês surge das relações sociais burguesas e a elas dá sustentação. A existência desse Estado, portanto, exprime uma sociedade cindida em classes. Diante disso, concluem Marx e Engels (2017), não basta tomar o Estado e redirecionar suas políticas por meio de reformas favoráveis ao proletariado. O Estado burguês deve ser destruído e, com ele, devem ser suprimidas todas as formas burguesas de produção, o que só seria possível mediante a organização do proletariado como classe ativa e ciente de seu papel histórico. Repare que o agente da transformação, antes de qualquer programa bem-intencionado, é a classe do proletariado. Assim afirmam Marx e Engels (2017) ao final do *Manifesto*: "Que as classes dominantes tremam à ideia de uma revolução comunista! Nela os proletários nada têm a perder a não ser os seus grilhões. Têm um mundo a ganhar".

A eliminação das formas burguesas ou capitalistas de produção e exploração traria consigo a extinção do forte antagonismo presente na sociedade. A supressão desse tipo de sociedade eliminaria a própria necessidade da existência do Estado. Esse raciocínio é o que levou

---

[9] Para uma excelente exposição sobre as concepções de Estado e de sociedade civil na teoria política, consulte Kritsch (2014).

Lênin (1978) a afirmar que, na sociedade comunista, eliminados os antagonismos de classe, o Estado "definharia".

Os debates que se seguiram nas ciências sociais sobre a visão marxista do Estado e da política foram amplos e, como era de se esperar, acalorados, dada a radicalidade do raciocínio marxista[10]. Muito se criticou a conceitualização marxista do Estado por ser demasiado simplista e não ser fiel à própria dialética, que pressupõe movimento. Em geral, os marxistas rebatem essas críticas evocando as análises políticas de Marx sobre as lutas travadas na França. Em *O Dezoito Brumário de Luís Bonaparte*, Marx (1974) faz uma minuciosa análise dos embates entre as classes sociais na França, aplicando sua chave analítica que toma a luta de classes como o motor da história. Nessa – e para essa – análise, Marx observa com acuidade os embates e as disputas que ocorrem dentro mesmo do Estado, quando certos interesses de classe são representados em alguns ramos do "aparelho" estatal[11].

A análise histórica de Marx leva-o a concluir que, após o golpe de Estado de Bonaparte, com o fechamento do parlamento, que funcionava como lócus direto de ação da classe burguesa, o Estado aparentava pairar "acima das classes", como se possível fosse. No entanto, dada a natureza da configuração do capitalismo e da sociedade burguesa, esse Estado continuaria a salvaguardar os interesses da classe dominante mesmo sem que ela governasse. Em sua expressão, a burguesia "a fim de salvar sua bolsa, deve abrir mão da coroa" (Marx, 1974, p. 367). Marx (1974) caracteriza essa configuração política como *bonapartismo*.

---

10 *Radicalidade no preciso sentido do termo, isto é, suas conclusões, sendo fiéis à raiz do pensamento, só poderiam negar a existência do Estado.*

11 *Esses pontos são desenvolvidos por Codato e Perissinotto (2011).*

No século XX, ressurge com força um debate marxista sobre o Estado, com a contribuição de autores como Milliband, Poulantzas e Offe[12], quando se busca desenvolver uma teoria marxista do Estado. De maneira sintética, podemos dizer que a vertente marxista de análise do Estado caracteriza-se por explicar as ações do Estado em função das configurações de classes ou da lógica de reprodução do capital, em contraste com as vertentes institucionalistas da ciência política[13].

Vale, ainda, resgatar um último ponto sobre a visão da política em Marx. Como demonstrado, a análise política que o autor faz ocorre pela ótica da **luta de classes**. Esse é o elemento fundamental. Sua visão da sociedade capitalista como composta por duas classes fundamentais inerentemente antagônicas e sua recusa em aceitar que os interesses da classe dominante, a burguesia, apresentem-se como universais, leva-o a concluir pela necessidade de dissolução dessa sociedade. Sem a dissolução das relações burguesas, não há democracia real. A democracia existente, marcada pelo sufrágio universal – democracia burguesa – é limitada.

Assim, findos os antagonismos de classe, findam-se também as lutas de classes e, por consequência, a necessidade do Estado. Essa é a imagem do comunismo, onde/quando haveria a verdadeira liberdade e a verdadeira democracia, e não em suas formas burguesas. Essa visão, no entanto, além de preconizar a ausência do Estado, parece pressupor a eliminação dos conflitos. No limite, não haveria

---

12 No debate marxista sobre o Estado, Offe (1984) utilizou o termo Estado capitalista para se referir à natureza seletiva do sistema de instituições políticas em favor dos interesses do processo de valorização do capital, Poulantzas (1985), por sua vez, definiu o Estado como a condensação de forças das classes sociais; e Milliband (1972) apontou para a origem burguesa da elite estatal.

13 Para um debate entre as diversas visões de Estado presentes na literatura de ciência política, consulte Marques (1997).

a necessidade da política. De acordo com Rosanvallon (2002), essa visão, ao atribuir todo o fundamento da sociedade a seus vínculos econômicos, admitindo a abolição da política, aproxima Marx de Smith. Nesse sentido, acrescentamos, Marx estaria mais próximo de Smith do que dos teóricos realistas da política, embora estejamos tratando aqui de uma situação ideal. Na situação real (a sociedade capitalista e suas contradições), a contribuição do marxismo tem sido, como demonstra a história moderna, uma poderosa arma política. Sendo o comunismo um ideal a alcançar, a luta política e de classes está dada aqui e agora.

Síntese

Neste capítulo, de forma introdutória, traçamos o percurso intelectual de Marx e a crítica que este fez à economia política clássica. Para que fosse possível entender os meandros das análises marxistas, apresentamos a forma como Marx construiu uma crítica radical ao modo de produção capitalista com base na teoria do valor-trabalho de Ricardo e destacamos, ainda, como o caráter de exploração é um aspecto central para a reprodução desse sistema econômico. Ao final, tecemos alguns apontamentos sobre a visão de Marx a respeito das crises e do Estado, elementos que abririam o caminho para a transformação econômico-social.

Questões para revisão

1. (Unioeste – 2010) "A burguesia só pode existir com a condição de revolucionar incessantemente os instrumentos de produção, por conseguinte, as relações de produção e, com isso, todas as relações sociais." (MARX, K.; ENGELS, F. **O Manifesto**

Comunista 150 anos depois. Rio de Janeiro: Contraponto; São Paulo: Fundação Perseu Abramo, 1998.)

O trecho reproduzido acima destaca uma característica fundamental da burguesia no desenvolvimento do capitalismo, marque a alternativa correta?

a) O dinamismo social da burguesia.
b) O caráter estático da burguesia.
c) O caráter restrito da produção sob a condução da burguesia.
d) O tradicionalismo da burguesia.
e) A negação da inovação tecnológica por parte da burguesia.

2. (UEL – 2008) "O capitalismo vê a força de trabalho como mercadoria, mas é claro que não se trata de uma mercadoria qualquer. Ela é capaz de gerar valor. [...] O operário é o indivíduo que, nada possuindo, é obrigado a sobreviver da sua força de trabalho." (Costa, 2005)

Segundo Karl Marx, a força de trabalho é alugada ou comprada por meio

a) da mais-valia.
b) do lucro.
c) do salário.
d) da alienação.
e) das relações políticas.

3. Na teoria desenvolvida por Marx, o capitalismo é um sistema que tende a produzir crises. Assinale a alternativa que traduz a ocorrência dessas crises:

a) A intervenção do Estado no sistema produz distorções na dinâmica da produção.
b) A lógica do capital de valorizar-se incessantemente a si mesmo produz crises de superprodução.
c) Os movimentos operários impedem o movimento de acumulação do capital.
d) A ambição dos capitalistas pelo lucro impede que o sistema econômico funcione de acordo com suas leis naturais.
e) As crises do capitalismo originam-se da insuficiência de demanda.

4. Como a teoria marxista explica que o salário pago ao trabalhador é menor do que o valor que seu trabalho produziu?

5. Como Marx concebe a relação entre Estado e economia?

Questão para reflexão

1. A contribuição de Marx à economia política tinha um propósito muito claro, que ia além do mero interesse científico. Marx queria desvendar a lógica de funcionamento da sociedade capitalista para poder lutar pela superação dela. O conhecimento, para o marxismo, seria, então, uma arma para auxiliar a transformação radical da sociedade. E o compromisso do marxismo era com a eliminação da exploração do homem pelo homem. Por essa razão, a teoria marxista influenciou e continua influenciando movimentos sociais e operários ao redor do mundo. Nem todo movimento ou partido político operário ou de esquerda é marxista,

mas todo movimento ou partido político marxista deve ser, necessariamente, comprometido com a causa da classe trabalhadora. Diante disso, pesquise sobre os discursos e as propostas de movimentos e partidos de esquerda e analise se eles contêm elementos próprios ao marxismo.

Para saber mais

Para o leitor interessado em compreender melhor a problemática que animou o marxismo e sua teoria da alienação e exploração do trabalho humano, confira o clássico filme *Tempos modernos*, de Charles Chaplin.

TEMPOS MODERNOS. Direção: Charles Chaplin. EUA: comédia, preto e branco, 1936. 87 min.

Para uma descrição da situação em que se encontrava a classe operária inglesa, confira também:

ENGELS, F. **A situação da classe trabalhadora na Inglaterra.** Porto: Afrontamento, 1975.

CAPÍTULO 4

Keynes, Schumpeter, Friedman, Hayek e o pós-guerra

Conteúdos do capítulo:

- A crítica de Keynes aos pressupostos da teoria clássica.
- Os alicerces centrais da teoria geral keynesiana e suas consequências políticas.
- A contribuição de Schumpeter para a análise do capitalismo.
- A contribuição de Friedman e de Hayek para a economia política.
- Os rumos que o capitalismo tomou no século XX.

Após o estudo deste capítulo, você será capaz de:

1. associar a importância da contribuição de Keynes às depressões econômicas;
2. entender a tendência do capitalismo à estagnação na visão de Keynes;
3. compreender a refutação keynesiana à Lei de Say e o papel da política fiscal;
4. explicar a visão de Schumpeter sobre o papel da inovação no capitalismo;
5. apontar as proposições (neo)liberais de Friedman e de Hayek.

A segunda metade do século XIX vivenciou profundas transformações do capitalismo. O sistema de produção experimentou momentos de forte expansão, intercalados por diversas crises, razão pela qual ficava cada vez mais clara a capacidade do sistema de produzir mercadorias em larga escala e riqueza, mas também pobreza e conflitos. Os avanços da ciência e da tecnologia ocorriam ao mesmo tempo em que recrudesciam os conflitos em torno da apropriação dos ganhos advindos do capitalismo. As ideias socialistas e os movimentos operários tomavam lugar em todos os países da Europa. O exemplo mais significativo do poder da classe trabalhadora organizada foi o da tomada da cidade de Paris em 1871 pela classe operária e da implantação de um governo provisório socialista, episódio conhecido como *Comuna de Paris*.

Ao mesmo tempo em que conflitos internos (entre as classes) revelavam as contradições do sistema, vigorava com êxito a ideia de que se caminhava em direção ao progresso guiado pela razão. A Razão iluminista e a ciência, que reinavam na era vitoriana, permeando as explicações sobre os fenômenos do mundo, adentram o século XX a plenos vapores, e, tal como o Titanic, exaltavam de maneira otimista as realizações humanas sem conseguir esconder as contradições destas. Assim como ocorreu no moderno e gigantesco navio, a Europa temia uma revolta das classes de baixo, mantidas em privação do gozo do luxo e riqueza produzidos – no entanto, quem encaminharia o barco ao desastre seria a prepotência e a ambição daqueles que tinham o leme em mãos. Dois anos após o dramático naufrágio do navio, os conflitos entre as grandes potências capitalistas europeias culminariam em um dos mais sangrentos conflitos da história moderna: a Primeira Guerra Mundial. Em 1929, o centro do capitalismo levaria todo o sistema ao colapso.

Felipe Calabrez

Um dos elementos que marcou o início do século foi a pressão pela incorporação das massas na cena política, o que criava uma pressão sobre o funcionamento do sistema, sobretudo com a noção de que pobreza e desemprego poderiam ser cientificamente compreendidos. Vejamos a observação levantada por Belluzzo (2016, p. 22): "A ideia de desemprego como fenômeno social produzido pela operação de mecanismos econômicos é muito recente. Ainda no final do século XIX esse fenômeno estava desenhado na consciência social sob a forma de pobreza, vagabundagem, inabilitação, ou simples má sorte".

Os mecanismos do padrão-ouro produziam a manutenção automática da paridade das moedas e eliminavam o recurso fácil à emissão monetária como forma de financiamento estatal. Sob esse arranjo, diante de crises no balanço de pagamentos, os governos eram obrigados a subir as taxas de juros e contrair o crédito, produzindo desemprego como mecanismo de ajuste[1].

Curiosidade

O chamado *padrão-ouro* foi o sistema monetário que vigorou de 1870 até a Primeira Guerra Mundial. O sistema funcionava com base na conversibilidade da quantidade de moeda de cada país em ouro, isto é, o banco central de cada país mantinha reservas internacionais na forma de ouro em quantidade correspondente à quantidade de moeda (oferta monetária) circulante na economia.

---

[1] O balanço de pagamentos representa o setor externo da economia. Seu saldo exprime a diferença entre tudo o que entra e sai de um país em suas relações comerciais e financeiras externas. Para um aprofundamento de alguns conceitos macroeconômicos que serão tratados neste capítulo, consulte o livro de Krugman e Wells (2011). Para entender os componentes do balanço de pagamentos tal como é contabilizado no sistema de contas nacionais do Brasil, confira Paulani e Braga (2000).

> O sistema foi montado com o intuito de regular o comércio internacional. Na prática, significava a adoção de um regime cambial fixo e de um mecanismo de equilíbrio dos balanços de pagamentos entre os países superavitários e deficitários, que funcionava da seguinte maneira: se um país se tornasse deficitário em seu balanço de pagamentos – isto é, se a soma de bens e serviços por ele importados fosse superior à soma de bens e serviços por ele exportados – esse déficit seria corrigido com a exportação de ouro para o país superavitário. O país superavitário, ao "importar" esse ouro, teria ampliada sua oferta monetária (já que a quantidade de papel-moeda circulante tem lastro em ouro na quantidade correspondente). O efeito disso seria uma ampliação de seu nível de preços internos, reduzindo a competitividade em relação ao país deficitário e reequilibrando os balanços de pagamentos.

A emergência do desemprego como problema social, somada ao advento do sufrágio universal – que colocou as demandas sociais na base do cálculo político –, passou a explicitar, conforme Belluzo (2016), os conflitos entre os objetivos de manutenção da paridade da moeda, de um lado, e da manutenção dos níveis de atividade e emprego, de outro. "Em boa medida, a crise do padrão-ouro exprime a incompatibilidade entre a 'representação' mais sofisticada dos automatismos do mercado e o surgimento das massas no cenário econômico e político." (Belluzzo, 2016)

Os fracassos da tentativa de restauração do padrão-ouro no pós-Primeira Guerra Mundial, a Grande Depressão e a experiência do nazifascismo colocaram em xeque as virtudes do liberalismo econômico. Ao mesmo tempo, o advento da democracia de massas traria consequências decisivas para o modo como a relação entre poder político e racionalidade econômica seria concebida durante o século XX.

Nesse contexto, Polanyi (2012) nos oferece um forte diagnóstico do período. Para o autor, as primeiras décadas do século XX foram marcadas pela implosão das quatro instituições em que se apoiava o sucesso liberal: (1) o sistema monetário internacional denominado *padrão-ouro*; (2) o equilíbrio de poder europeu; (3) os Estados e as crenças liberais; e (4) os próprios mercados autorregulados (Polanyi, 2012). O problema desse arranjo é que os "mecanismos automáticos" do padrão-ouro pressupunham uma igualdade entre os países participantes, quando, na verdade, o sistema internacional é hierárquico. Essa é uma das contradições que levaria o modelo à ruína.

Para além de um diagnóstico histórico, a contribuição do autor traz à tona um elemento teórico fundamental: para ele, aquela ordem liberal apresentada pelos economistas clássicos como natural não teria nada de natural. A organização da terra e do trabalho em mercadorias, tal como o pensamento clássico as apreendia, era uma "falácia economicista" (Polanyi, 2012). Esse equívoco se traduziu, no movimento real da história, em uma contradição entre dois princípios diferentes que ordenavam o funcionamento da sociedade. De um lado, o **princípio liberal**, dos mercados autorregulados, e, de outro, o **princípio da proteção social**, que tem a finalidade de preservar o homem e a natureza. Este último, ligado à autoproteção, produziu movimentos contrários ao princípio do mercado, gerando uma constante contradição[2].

Esses elementos explicam o fracasso da utopia de mercado e ajudam a entender a Primeira Guerra Mundial e a Grande Depressão dos anos 1930.

---

2   *Esse ponto será retomado com mais atenção no último capítulo.*

(4.1)
Teoria (neo)clássica e a insurgência de Keynes

No campo do pensamento econômico, podemos afirmar que houve intenso movimento no início do século XX. Sem exagero, a economia política nunca mais seria a mesma após a demolidora crítica de Marx. Seguindo a teoria do valor-trabalho dos clássicos e levando-a até as últimas consequências, como fez Marx, parecia tornar-se difícil refazer o caminho de volta, isto é, atribuir ao trabalho o valor das mercadorias e a origem da riqueza e, ao mesmo tempo, manter a crença nas virtudes do sistema capitalista como mecanismo justo de criação e de distribuição de riquezas. Não se pode entender a hegemonia que o desenvolvimento do caminho alternativo – a teoria do valor-utilidade – adquiriu sem ter em conta esse aspecto.

Nesse sentido, a teoria do valor-utilidade ganhou peso e refinamento analítico com as contribuições do marginalismo, tendo alçado a noção de utilidade marginal à explicação hegemônica sobre preços e distribuição da renda. A principal contribuição aqui foi a teoria do equilíbrio geral de Walras, que ofereceria uma estrutura teórica e conceitual para o exame das interações entre oferta e demanda de diferentes mercados de maneira simultânea, permitindo que se determinassem os preços de equilíbrio (pontos de intersecção entre as curvas de oferta e demanda) de maneira também simultânea. O que se tinha até então era um sistema matematicamente formalizado que, com base nas curvas de utilidade marginal decrescente e em um sistema de equações, tornava possível determinar o nível de equilíbrio do sistema de preços (Hunt, 2005)[3]. Podemos dizer que a mensagem geral de Walras para o capitalismo foi a de que era possível o funcionamento de um sistema econômico movido por decisões individuais e descentralizadas, já que os preços forneceriam as informações necessárias aos indivíduos maximizadores de utilidade. O sistema de preços, portanto, cuidaria de guiar as decisões individuais que, em busca de maximização, produziriam a total alocação dos recursos do sistema econômico.

Tem-se, então, a noção utilitarista de **indivíduo** sempre racional e maximizador em suas decisões (*homo economicus*), a noção de **utilidade marginal** como princípio explicativo de preços e distribuição de renda e a noção de **equilíbrio** do sistema econômico e **harmonia** do corpo social, que constituem, juntas, os alicerces da vertente do pensamento econômico denominada *neoclássica*.

No início do século XX, a economia neoclássica já havia tornado-se dominante no círculo acadêmico-científico e, não por acaso, ajustava-se perfeitamente – ao oferecer todo embasamento científico e justificativa teórica – à busca desenfreada pelo lucro privado. A teoria da distribuição baseada na produtividade marginal, somada à defesa do mercado autorregulável, oferecia a um só tempo a noção de capitalismo como a forma superior em racionalidade, eficiência e justiça social, e eliminava a necessidade da atuação do Estado na esfera econômica, isto é, da produção e da distribuição.

---

3   Os principais precursores da escola marginalista foram *William Stanley Jevons (1835-1882), Carl Menger (1840-1921) e Leon Walras (1834-1910). A noção de utilidade marginal decrescente embasou diversas explicações sobre as decisões de investimento e consumo e é a base dos modernos manuais de microeconomia. Foge dos propósitos deste livro aprofundar essas questões. Para um compilado das ideias originárias, consulte Hunt (2005) e Gennari e Oliveira (2009).*

O desenvolvimento do capitalismo real, no entanto, teimava em colocar problemas à teoria.

O argumento em favor dos mercados autoajustáveis (Lei de Say) era um argumento eficaz para a limitação das funções dos governos da época. No entanto, o sistema capitalista de mercado nunca se ajustou tranquila e automaticamente ao equilíbrio com pleno emprego. Nunca houve, em realidade, um "leiloeiro", de Walras [sic], e o sistema capitalista de mercado sempre foi anárquico: a história do capitalismo é uma história de instabilidade econômica. (Hunt, 2005, p. 382)

O desenvolvimento do capitalismo confirmou um ponto importante da teoria de Marx apresentada no capítulo anterior: produziu uma enorme concentração do capital nas mãos de poucos e poderosos grupos, mediante a formação de trustes e cartéis[4] de corporações gigantescas, que funcionavam sob uma dinâmica que em nada mais lembrava aquele mercado de livres produtores e compradores de Adam Smith. Uma das consequências dessa concentração foi que os próprios capitalistas passaram a ver com bons olhos medidas reguladoras dos governos, que atuavam com vistas a garantir minimamente uma situação de "livre concorrência"[5].

---

4   *O termo* truste *é empregado para se referir ao processo no qual várias empresas se fundem a fim de formar um monopólio, dominando a oferta de determinado serviço e, portanto, eliminando a concorrência. Refere-se também à ação de grandes grupos que controlam todas as etapas de produção de determinada mercadoria. Os cartéis, por sua vez, são criados quando várias empresas independentes formam um acordo para controlar o mercado de determinado produto e estabelecer seu preço. Note-se que ambas as estruturas contradizem frontalmente os princípios centrais das teorias neoclássicas e do liberalismo: a livre concorrência e a determinação dos preços com base no jogo das forças de mercado (oferta e demanda).*

5   *Datam do fim do século XIX algumas leis aprovadas nos Estados Unidos, como a Lei do Comércio Interestadual (1887), que buscava regulamentar as estradas de ferro, e a Lei de Sherman (1890), primeira de uma série de leis antitruste.* (Cf. Hunt, 2005).

Era necessário explicar a recorrência das crises econômicas, que se intensificaram ao longo da segunda metade do século XIX e desaguaram na crise de 1929, uma crise de proporções globais e catastróficas, que arrastou em cadeia as principais economias capitalistas e produziu, no centro do sistema (Estados Unidos) uma retração de quase 50% do produto industrial.

Como explicar que os Estados Unidos, que despontavam como a economia capitalista mais próspera e pujante do globo, tenham passado subitamente a um país marcado pelo desemprego em massa e rápido empobrecimento? Se o país ainda dispunha do mesmo quantitativo de mão de obra, de recursos naturais, de instalações fabris, maquinários etc., o que explicaria essa subutilização dos recursos disponíveis[6]?

A economia neoclássica não tinha respostas práticas para a catástrofe que se abatia sobre os Estados Unidos por uma razão muito simples: para ela, as depressões simplesmente não existiam. Ora, se seus modelos eram incapazes sequer de conceber a existência de grandes depressões, naturalmente não tinham para elas nenhum tipo de resposta prática. Vamos entender isso melhor.

4.1.2 A INTERPRETAÇÃO NEOCLÁSSICA: TENTATIVA DE ELUCIDAÇÃO DAS CRISES

As oscilações no nível de atividade econômica não eram uma novidade no começo do século XX. Ao contrário, sucessões de expansões

---

[6] *Existem relatos dramáticos sobre as filas de desempregados na cidade de Nova York e o desencadeamento de suicídios de pessoas que viram suas economias derreterem subitamente no mercado de ações. Heilbroner (1996, p. 234) apresenta alguns números: "No país como um todo, a construção civil caiu em 95%. Nove milhões de contas de poupança foram perdidas. 85.000 empresas faliram. O volume nacional de salários encolheu em 40%; os dividendos caíram em 56%; os salários por hora, em 60%".*

e contrações foram a marca de toda a segunda metade do século XIX. Mas nenhuma contração havia sido tão grave e duradoura a ponto de se colocar como problema central para os economistas e abalar suas convicções. E essas convicções, como visto, giravam em torno da confiança na autorregulação do mercado.

Havia também outro elemento, de conteúdo fortemente moral, nessas convicções: a frugalidade, o ato de abster-se do consumo, era considerada uma virtude do indivíduo, a qual produziria um efeito positivo para a economia ao permitir a criação de poupança. Assim, aquele que não se entregasse aos prazeres do consumo imediato, mas, ao contrário, abstivesse-se deles, contribuiria para a formação da poupança. Os juros entram nesse raciocínio como a recompensa pela abstenção do consumo.

A existência prévia de poupança era vista como condição indispensável para o investimento, já que a renda regular dos empresários não permitiria uma expansão de sua produção (mediante a compra de equipamentos, construção de prédios etc.). Eles teriam, então, de recorrer ao mercado de dinheiro, tomando emprestado capital remunerado a juros. As oscilações na economia seriam automaticamente corrigidas, já que uma expansão seria acompanhada por ampliação de investimentos e, portanto, pelo aumento da procura por empréstimos. Esse movimento de aumento da demanda por dinheiro faria a taxa de juros subir, encarecendo o dinheiro até o ponto de não tornar o investimento rentável. Aqui o empresário desistiria de investir, e o aquecimento da economia seria refreado.

Esse raciocínio aplica-se também ao movimento reverso, isto é, uma baixa da atividade econômica, com a consequente baixa na procura por empréstimos para investimentos, faria a taxa de juros (preço do dinheiro) cair ao ponto de tornar atraentes os investimentos. Dessa forma, o nível de atividade econômica tenderia ao equilíbrio.

Felipe Calabrez

Até então, o raciocínio da teoria neoclássica mostrava-se muito lógico e intuitivo. Mas o que estaria errado? Por que a economia havia se contraído tanto e permanecido em estado estacionário por tempo tão prolongado?

É possível entender isso começando pela noção de *fluxo circular da renda*. Todo gasto de alguém é renda de outrem. Dito de maneira simples: o gasto do capitalista é, em parte, renda do trabalhador (salário). O gasto do trabalhador, por meio do consumo, retorna para algum capitalista pela venda de mercadorias. E aqui entra o primeiro problema de estender as virtudes individuais da poupança para uma economia de fluxo circular: se todos buscarem poupar ao mesmo tempo, reduzindo o consumo, a demanda vai desaquecer e os empresários não terão incentivo para contrair empréstimos e ampliar a produção. Nessa situação, a existência da poupança em nada interferiria nas expectativas dos empresários, e a contração coletiva de gasto produziria queda nas rendas[7].

Do raciocínio dado, podemos extrair uma primeira e importante lição: **não há nada que garanta uma relação automática entre poupança e investimento.**

Essa observação permitia entender a ocorrência das depressões, mas ainda era insuficiente para explicar sua persistência.

Se a atividade econômica estava totalmente desaquecida, não estaria também lá embaixo a procura por dinheiro, de modo a fazer despencar as taxas de juros, deixando o dinheiro barato ao ponto de incentivar o investimento? Aqui, segundo Keynes (1983), residia a falha central do argumento. A recessão prolongada havia produzido

---

7   Keynes (1983) investigou os ciclos dos negócios e explorou as descobertas acima no Tratado sobre a moeda *(no original,* A Treatise on Money *– Keynes, 1976), publicado em 1927. No entanto, foi na* Teoria geral, *publicada em 1936, que sua contribuição se consolida e revoluciona de vez o pensamento dominante.*

uma queda tão grande da renda, que a poupança não estava mais lá intacta. Como resume Heilbroner (1996, p. 251), "não haveria excesso de poupanças no fundo do poço".

Era basicamente esse o diagnóstico que se adequou à Grande Depressão. O desemprego nas alturas e toda a capacidade produtiva desperdiçada tenderiam a permanecer assim, como na lei da inércia, pois, com o declínio das rendas, não havia nem expectativa de consumo que incentivasse o investimento do empresário nem farta poupança disponível, uma vez que esta secava diante da queda das rendas. Temos aqui a segunda lição fundamental de Keynes, que subverteu o raciocínio neoclássico: **a poupança decorre do gasto, e não o contrário.**

Figura 4.1 – John Maynard Keynes

Bettmann/Getty Images

Como na lei da inércia, esse estado estacionário só se alteraria com alguma ação externa que lhe colocasse em movimento: o agente dessa ação seria o **Estado**; e o mecanismo, o **gasto público**.

Esboçados os elementos centrais do pensamento keynesiano, vejamos mais de perto os componentes de sua teoria no tópico seguinte.

(4.2)
Aspectos da teoria keynesiana e o advento da macroeconomia

Qualquer sociedade que tolere o desemprego maciço, não somente deixa de produzir os bens e serviços de que é capaz, mas ainda nega a milhões de indivíduos a dignidade do trabalho criador e a possibilidade de desenvolverem por si mesmos a personalidade. Por conseguinte, o primeiro requisito prévio para uma sociedade melhor é a abolição do desemprego. O segundo é uma distribuição mais equitativa e menos arbitrária da riqueza e da renda.

(Keynes, 1983)

A epígrafe ora citada nos ajuda a entender como Keynes via o funcionamento do capitalismo. A Grande Depressão estampara o paradoxo contido em um sistema no qual as mais evidentes necessidades humanas não bastavam para incentivar o ligamento das máquinas que produziriam os bens para satisfazer tais carências. Necessidades e desejos precisam se traduzir em demanda, o que exige renda. E o princípio motor do sistema não é suprir necessidades e desejos. É obter lucro.

O objetivo da produção capitalista para Keynes, assim como em Marx, não é seu produto em si, mas o lucro monetário. Por essa razão, Keynes concorda com o esquema D – M – D' de Marx, que, repare, inicia-se com o D e a ele retorna. O dinheiro é o ponto de partida e de chegada do esquema de circulação. Fosse o contrário, isto é, se o objetivo fosse obter mais produto, sua representação seria M – D – M'. Tendo isso em vista, Keynes (citado por Belluzo, 2016, p. 55) afirma: "O empresário está interessado, não no volume de produto, mas no valor monetário que vai cair em suas mãos [...] mesmo se a esse lucro corresponda um volume de produto menor do que antes".

Esse sistema, cujo princípio motor é o lucro – e não a maximização do produto material – é chamado por Keynes de *economia monetária da produção* (Belluzo, 2016; Dillard, 1986). Sob o princípio empresarial, ela se distingue daquilo que seria uma economia cooperativa[8]. Em um modelo de economia cooperativa, na qual o objetivo fosse a maximização do produto material, a decisão de poupar corresponderia necessariamente à decisão de investir. Nesse caso, a Lei de Say, axioma da economia clássica, estaria correta: a poupança se traduziria automaticamente em investimento, assegurando a tendência ao pleno emprego dos fatores. No entanto, para Keynes, ela estava rigorosamente errada, pois pressupunha uma economia na qual "todo produtor que traz mercadorias ao mercado, trá-las tão somente para trocar por outras mercadorias" (Dillard, 1986, p. 18). A suposição de Say ignora o papel do dinheiro na economia capitalista. "A análise se processa em termos de permuta de bens, mas está implícito que o fato de que as vendas e aquisições se fazem em dinheiro não altera o processo, a não ser pela circunstância de que a troca baseada no dinheiro é mais eficiente que a troca baseada na permuta." (Dillard, 1986, p. 18)

---

8 *Keynes estabelece a distinção entre economia cooperativa e economia empresarial em um manuscrito de 1933, posteriormente incorporado ao volume XXIX das Obras completas. Cf. Belluzzo (2016, p. 53).*

Não é o que ocorre, contudo, em uma economia monetária de produção. Nesta, as decisões privadas de investimento dependem de um conjunto de fatores, tais como a incerteza sobre o futuro e a preferência pela liquidez. Também as instituições financeiras (o papel da moeda e do crédito) têm importância fundamental. Vejamos cada um deles a seguir.

4.2.1 Princípio da incerteza e demanda efetiva

Keynes (1983), assim como Marx, distingue duas classes (ou grupos) fundamentais ao metabolismo econômico do capitalismo: a classe empresarial-capitalista possui a propriedade dos meios de produção, ao passo que a classe trabalhadora só dispõe da própria força de trabalho, a qual vende em troca de um salário monetário. O que Keynes retém dessa distinção não é, como Marx, o processo de extração de valor do trabalho e sua apropriação pelo capitalista. O ponto para Keynes é o de que a propriedade dos meios de produção confere ao capitalista o poder de comando sobre a utilização desses meios, isto é, a decisão sobre o nível de sua utilização. A consequência aqui é, como aponta Belluzzo (2016, p. 56, grifo nosso), a de que, em tal economia, "a demanda de trabalho é derivada, no sentido de que **a renda e os gastos dos trabalhadores dependem da decisão de gasto dos capitalistas**".

No entanto, o que, de fato, determina a decisão de gasto (e a decisão de empregar trabalho) dos capitalistas?

A visão neoclássica da economia capitalista afirmava que os níveis de emprego total e do produto eram determinados pela **função da produção** e pelas **livres escolhas** dos donos dos fatores de produção, incluso aqui o trabalho. Assim, dado o volume de capital existente, a demanda por trabalho era determinada pelo valor do produto marginal do trabalho. Por esse raciocínio, a oferta e a demanda por trabalho se equilibrariam em uma situação de pleno emprego. Caso existisse desemprego, a explicação era a de que os trabalhadores estariam se recusando a trabalhar pelo valor de seu produto marginal[9]. Qualquer desemprego seria, por derivação lógica, voluntário.

Fiéis a esse raciocínio, os economistas neoclássicos não encontravam soluções práticas e viáveis para a Grande Depressão dos anos 1930. Para eles, a única causa teoricamente concebível para o desemprego era a recusa dos trabalhadores em aceitar reduções suficientes em seus salários. Relata Hunt (2005, p. 389):

> Assim, durante a Grande Depressão, quando os economistas neoclássicos foram consultados pelos governos quanto à maneira mais eficaz de combater a depressão econômica, até os neoclássicos mais humanitários e que mais simpatizavam com a situação dos trabalhadores recomendaram nada mais que um corte em todos os salários.

A solução dos neoclássicos – resumida na citação –, embora indesejável e mesmo perversa do ponto de vista social, era teoricamente lógica e coerente com seus pressupostos. Se os fatores de produção – incluído o trabalho – são remunerados de acordo com a oferta e a procura, a baixa nos salários reestabeleceria o equilíbrio. No entanto, o que ocorria era que, mesmo diante da miséria e do desemprego que impeliam os trabalhadores a aceitar salários baixíssimos, não havia

---

9   Aqui vale lembrar que os salários são determinados pelo produto marginal do trabalho (isto é, pelo produto adicional obtido mediante o acréscimo de uma unidade de trabalho), de modo que não há nenhuma consideração sobre o custo mínimo de reprodução da força de trabalho e, menos ainda, sobre o que seria ou não um salário justo.

Felipe Calabrez

incentivo para os capitalistas empregá-los. Em outras palavras, os capitalistas não queriam gastar (investir)[10]. Por quê?

A decisão de gasto da classe capitalista é feita com base em um conjunto de avaliações, que incluem as expectativas sobre a demanda futura e sobre a rentabilidade do investimento. E aqui entra o princípio da *demanda efetiva*, que será central para Keynes:

> A aparente insuficiência do consumo, nessa circunstância, não é realmente devida a uma ausência da capacidade de consumo, mas ao declínio das rendas. O declínio das rendas é devido ao declínio do investimento ocasionado pela insuficiência dos rendimentos do novo investimento quando comparado com a taxa de juro. (Keynes, citado por Belluzzo, 2016, p. 58)

Refazendo o percurso em encadeamento lógico, temos, então, o seguinte:

declínio do investimento → declínio das rendas → insuficiência de consumo

Como ficou claro até aqui, a variável determinante da renda e do consumo é o gasto capitalista, ou, mais precisamente, a decisão de gasto tomada pelo capitalista, seja para colocar em operação seu estoque de capital (ou operar com capacidade ociosa), seja para ampliar a capacidade produtiva mediante o investimento de longo prazo. Tais decisões são tomadas, de acordo com o **princípio da demanda efetiva**, diante de determinado estado de expectativas, sempre marcado pela incerteza. Em termos simples, sem expectativas otimistas sobre o futuro, sempre incerto, o emprego e a renda

---

10 *Para Keynes (1983), essa situação de depressão não significava que demanda e oferta não estivessem em equilíbrio. Significava, de outro modo, que esse equilíbrio não se estabeleceria, necessariamente, em situação de pleno emprego.*

ajustam-se em níveis baixos. A mera disponibilidade dos fatores "pelo lado da oferta", como chamam os economistas, não são suficientes para produzir investimento e renda.

O princípio da demanda efetiva, portanto, é um conceito *ex ante*, isto é, formado com base na expectativa do empresário sobre a existência de demanda futura capaz de consumir seus produtos, completando o ciclo D – M – D' e realizando seu lucro. Não se deve confundi-la, portanto, com a noção de *demanda agregada*[11], que é um conceito resultado (medida *ex post*) que mede a demanda total de uma economia.

4.2.2 Preferência pela liquidez e taxa de juros

Como já exposto, a chamada e*conomia monetária da produção* consiste em um regime econômico no qual o dinheiro desempenha um papel peculiar. Dito de modo simples, o objetivo do sistema é o acúmulo de dinheiro. Por isso, sob essa lógica, das três funções do dinheiro (meio de troca, unidade de conta e reserva de valor), a última – acumular valor – é a mais importante.

Tendo isso em vista, Keynes (1983) contraria a visão neoclássica segundo a qual os juros são a recompensa pela abstenção do consumo presente. Para o economista, os juros não são uma recompensa à poupança. Ao contrário, eles "são a recompensa para se abandonar o controle da riqueza em sua forma líquida" (Dillard, 1986, p. 8). Nesse sentido, a taxa de juros terá de ser tanto maior quanto maior for o desejo de seus possuidores de entesourar, isto é, de não renunciar à disponibilidade imediata desse dinheiro, ao que Keynes chama de *preferência pela liquidez*.

---

11 Trata-se da demanda total de bens e serviços de uma economia.

Assim, a taxa de juros, por ser, em qualquer ocasião, a recompensa pela desistência da liquidez, é uma medida da falta de interesse dos que possuem moeda em abrir mão do controle líquido sobre ela. A taxa de juros não é o "preço" que equilibra a demanda por recursos para investimento e a disposição de se abster do consumo presente. É o "preço" que equilibra a vontade de reter riqueza sob a forma de moeda e a quantidade de moeda disponível... Se esta explicação estiver correta, a quantidade de moeda é o outro fator que, em conjunto, com a preferência pela liquidez, determina a verdadeira taxa de juros, em determinadas circunstâncias.
(Keynes, citado por Hunt, 2005, p. 392-292)

Portanto, vale frisar mais uma vez que, para Keynes (1983), não era a relação poupança e investimento que determinava a taxa de juros. Esta estava muito mais ligada à oferta e à demanda por moeda, o que, por sua vez, dizia respeito ao grau de preferência pela liquidez.

A taxa de juros, no que lhe concerne, está profundamente relacionada com a decisão de investimento produtivo, já que ela determina o custo do dinheiro. O incentivo ao investimento, portanto, está ligado ao cálculo que o empresário fará sobre a rentabilidade esperada deduzida da taxa de juros. A essa **rentabilidade esperada** Keynes chamou de *eficácia marginal do capital*.

4.2.3 POLÍTICA FISCAL ANTICÍCLICA OU SOCIALIZAÇÃO DO INVESTIMENTO

Como deve ter ficado claro a esta altura, Keynes (1983) analisa, em sua *Teoria geral*, o sistema econômico sob a ótica de seu conjunto, e não da empresa individual. Trata-se, assim, dos componentes da renda de maneira agregada, o que é considerado por muitos o advento da macroeconomia.

Conforme o esquema keynesiano, deve-se levar em consideração que as **oscilações no investimento** influenciam de maneira determinante a renda e o emprego. O investimento é variável-chave. Isso ocorre porque os gastos de consumo são, em grande medida, dependentes da renda disponível, mas os investimentos não o são. Na linguagem dos macroeconomistas, os investimentos são os componentes autônomos.

Aqui vale apresentar os componentes da renda ou **demanda agregada**:

DA = Y = C + I + G + X – M

em que:
DA = demanda agregada
Y = renda, produção
C = consumo
G = gasto do governo
I = investimento
X = exportação
M = importação

Dos elementos que compõem a demanda agregada, como já frisado, os de decisão relativamente autônoma são os investimentos, já que o consumo depende da renda disponível e da propensão a consumir, que é praticamente estável. Os investimentos privados, no entanto, dependem dos fatores já expostos, podendo permanecer estacionados em um nível insatisfatório do ponto de vista do emprego. Aqui entra o papel fundamental do gasto do governo: este é o componente mais autônomo e dotado de capacidade de fomentar a demanda agregada. Trata-se, nos termos de Keynes (1983), de "socializar" o investimento.

O governo pode, então, agir sobre o desemprego, gastando, por exemplo, com obras públicas, empregando trabalhadores e criando rendimento. Além disso, o **investimento público** carrega consigo o chamado *efeito multiplicador*, o que significa que seu efeito sobre o rendimento nacional é superior ao desembolso originário. Essa medida, defende Keynes (1983), poderá ser financiada via endividamento público, desequilibrando temporariamente o orçamento, efeito recompensando pelo incremento na renda nacional[12].

(4.3)
KEYNES E A POLÍTICA

> *O problema econômico é uma questão de economia política, isto é, da combinação entre teoria econômica e a arte da gestão estatal.*
> (Keynes em Belluzzo, 2016, p. 89)

Como vimos, é importante para Keynes (1983) o papel do Estado na socialização do investimento. Isto é, o investimento público entra como elemento que visa não apenas atenuar as incertezas que desincentivam o investimento privado, como também engendrar o próprio investimento privado, que pode ser puxado pelo gasto público, revertendo de maneira virtuosa a queda da renda por meio do efeito multiplicador que suscita. Nesse sentido, um orçamento temporariamente desequilibrado pode ser extremamente funcional

---

[12] *A pertinência e a eficácia do gasto fiscal como medida contracíclica são, sem dúvida, as maiores geradoras de controvérsias no debate macroeconômico contemporâneo. Para um aprofundamento da discussão macroeconômica, consulte Krugman e Wells (2011, cap. 13). Para uma história das ideias, consulte Blyth (2017).*

para turbinar o chamado *fluxo circular de renda*[13]. Para isso, Keynes propõe a separação entre **orçamento corrente** e **orçamento de capital**. O primeiro deve manter-se em equilíbrio, ao passo que o segundo pode tornar-se deficitário temporariamente por contabilizar investimentos que trarão retorno futuro ao incrementar a renda total e, consequentemente, aumentar a própria arrecadação estatal, reequilibrando-se (Dillard, 1986).

O que a teoria keynesiana resgata, do ponto de vista político, é uma visão positiva sobre a ação do Estado. Os mecanismos de intervenção pública não são mais vistos como inerentemente maléficos ao bom funcionamento dos mecanismos de mercado. Em lugar da crença na infalibilidade do mercado, Keynes (1983) coloca o papel virtuoso da **ação estatal** como mecanismo estabilizador do sistema, compensador das incertezas e auxiliar na manutenção do nível de emprego necessário à garantia de condições mínimas de vida à maioria da população. Com a *Teoria geral* havia, então, uma justificativa científica para a ação pública.

Vale ressaltar que, embora bastante inovadora, a proposta de Keynes (1983) não era tão radical quanto fez crer alguns de seus

---

13 *Para entender a noção de fluxo circular de renda, basta imaginarmos uma economia fechada, composta por várias partes (empresas, famílias e Estado). Nesse modelo, o gasto de qualquer uma dessas partes será necessariamente renda para outra parte. Assim, se uma família gasta em consumo (comprando um bem qualquer, como um eletrodoméstico ou automóvel), esse gasto significará renda (ganho) para a empresa que produziu esse bem. Do mesmo modo, quando uma empresa resolve gastar (comprando equipamentos, matérias-primas e empregando trabalhadores), esse gasto significará renda para a empresa que produziu o equipamento e para o trabalhador que foi contratado. Do mesmo modo acontece com o Estado, que, ao gastar (pagando o funcionário público ou contratando obras públicas), estará gerando renda para o funcionário público e para as empreiteiras. A conclusão desse raciocínio é a de que, se todas as partes reduzirem seus gastos ao mesmo tempo, a renda geral da sociedade cairá.*

Felipe Calabrez

críticos. Os mecanismos de ação pública não são substitutos aos do mercado, mas são a eles complementares.

> *Os efeitos danosos da busca desaçaimada pela riqueza precisam ser neutralizados mediante a ação jurídica e política do Estado racional e, sobretudo, mediante a atuação de "corpos coletivos intermediários"; como, por exemplo, um Banco Central dedicado à gestão consciente da moeda e do crédito.* (Belluzzo, 2016, p. 91)

Não se deve perder de vista também que Keynes (1983) não nutria simpatia alguma pelas ideias socialistas ou revolucionárias. Sua teoria pode ser compreendida como uma tentativa de salvar o capitalismo de si mesmo ou, ainda, dos pressupostos irreais da teoria neoclássica, incapaz de compreender os mecanismos reais que movem o sistema capitalista de produção. Aqui cabe trazer uma visão marxista sobre as consequências da crítica keynesiana ao equilíbrio:

> *Já que este (equilíbrio) não era mais concebível como ajuste espontâneo das variações dos fatores, ajuste resultante da interação automática e autocorretiva dos mecanismos inerentes ao mercado, Keynes incumbiu a mão visível do Estado de intervir no mercado, pôr as coisas em ordem e estabelecer o equilíbrio do pleno emprego desejável à segurança da organização social burguesa.* (Gorender, 1983, p. XXXVI)

Nesse sentido, como adverte Belluzzo (2016, p. 91), a "socialização do investimento é o melhor remédio contra a socialização dos meios de produção".

(4.4)
SCHUMPETER E O ESPÍRITO DO CAPITALISMO

A contribuição de Keynes ao pensamento econômico só ganha pleno sentido quando inserida no contexto em que foi produzida. A principal obra do autor, a *Teoria geral* (Keynes, 1983), foi publicada poucos anos depois da Grande Depressão (em 1936), em meio ainda ao cenário de grave crise social que assolava a Europa e, em maior grau, os Estados Unidos. Se a preocupação político-social de Keynes era a estagnação econômica e o desemprego, Schumpeter (1997), ao olhar para o capitalismo e seus ciclos, buscou explicar seu impulso expansivo.

Publicada em 1911, muito antes de Keynes e sua *Teoria geral*, a *Teoria do desenvolvimento econômico* de Schumpeter (1997) ocupa-se da dinâmica que move o crescimento sob o capitalismo. Ao contrário de Keynes, o capitalismo de Schumpeter tem uma força endógena que impulsiona a própria expansão. Estabelecendo, desde o início, os elementos essenciais do sistema, que são a propriedade privada, a divisão do trabalho e a livre concorrência, Schumpeter começa sua análise descrevendo um **fluxo circular de renda**, que podemos chamar de *estagnacionista*, isto é, que não expande a criação de riqueza (Schumpeter, 1997). O próprio autor esclarece o irrealismo de um modelo estático ao afirmar: "E se descrevermos um sistema completamente imutável, é certo que fazemos uma abstração, mas apenas com o intuito de expor a essência do que efetivamente acontece" (Schumpeter, 1997, p. 28).

As razões expositivas de Schumpeter ficam mais claras com os comentários de Heilbroner (1996, p. 272-273):

> O modelo se parece com o estado estacionário imaginado por Ricardo e Mill
> [...] Desta maneira, exatamente como Ricardo e Mill previram, em uma
> economia estática não há lugar para o lucro! [...] Por que Schumpeter nos
> apresenta tão estranha — para não dizer forçada — imagem do sistema?
> Talvez já tenhamos imaginado o propósito por trás deste método: o modelo
> de um capitalismo estático é uma tentativa de responder à indagação de
> onde vêm os lucros [...]
>
> Os lucros, disse ele (Schumpeter), não vêm da exploração do trabalho ou
> dos ganhos do capital. São o resultado de outro processo. Os lucros aparecem numa economia estática quando o fluxo circular falha em seguir
> seu curso rotineiro.

E o que interrompe o fluxo rotineiro? Temos aqui o ponto central da análise que Schumpeter (1997) faz do capitalismo: são as inovações tecnológicas ou organizacionais – a criação de um produto novo ou de um modo novo de produzir a mesma coisa –, introduzidas por um empresário inovador, que rompem o caráter estacionário do fluxo circular, produzindo lucro (que será temporário) e impactando no ciclo econômico.

> [A]s inovações no sistema econômico não aparecem, via de regra, de tal
> maneira que primeiramente as novas necessidades surgem espontaneamente nos consumidores e então o aparato produtivo se modifica sob sua
> pressão. Não negamos a presença desse nexo. Entretanto, é o produtor que,
> igualmente, inicia a mudança econômica, e os consumidores são educados
> por ele, se necessário; são, por assim dizer, ensinados a querer coisas novas,
> ou coisas que diferem em um aspecto ou outro daquelas que tinham o
> hábito de usar. Portanto, apesar de ser permissível, e até mesmo necessário,
> considerar as necessidades dos consumidores como uma força independente

e, de fato, fundamental na teoria do fluxo circular, devemos tomar uma atitude diferente quando analisamos a mudança. (Schumpeter, citado por Costa, 2006, p. 5)

Há, na passagem ora transcrita, dois pontos a destacar.

Primeiramente, nota-se que Schumpeter (1997) atribui ao consumidor um papel bastante diferente daquele atribuído pelos neoclássicos. Ao passo que, nos neoclássicos, o consumidor é o agente soberano, aquele diante do qual todo produtor e vendedor se ajusta, para Schumpeter o agente que dinamiza o processo econômico é o produtor, o **empreendedor**. É o espírito de risco e inovação deste que pode engendrar a mudança e o incremento da renda.

O segundo ponto é que, para Schumpeter (1997), a mudança é originada na esfera da **produção**. São as novas maneiras de produzir, realocando e recombinando os recursos que já estavam disponíveis na sociedade, porém em outras atividades, que impulsionam o desenvolvimento econômico. O progresso é, portanto, engendrado pela inovação.

A **inovação**, elemento fundamental para a dinamização do sistema, altera as condições competitivas daqueles empreendimentos já estabelecidos. As alternativas aos produtos e processos que já existiam reduzem o espaço que estes tinham no mercado, fazendo com que muitos simplesmente desapareçam. O resultado aqui é a perda da capacidade instalada e a destruição de postos de trabalho, que se reorganizarão em novas bases. Desse modo, a inovação produz um efeito paradoxal. Ela é responsável pelo dinamismo do sistema e criadora de renda e riqueza. Mas, para isso, ela é também destruidora, pois causa momentâneo desemprego dos fatores de produção. O sistema capitalista é, portanto, dinâmico, mas marcado por crises. É criador de riqueza, mas também destruidor.

A inovação não pode ser entendida fora da ótica da **competição**. Fundamental para o capitalismo, a competição não é um jogo onde todos ganham. Não impera aqui o princípio da harmonia e do benefício geral que deslumbrou Adam Smith. O processo de competição produz ganhadores e perdedores.

O empresário que inova, no entanto, não permanece em situação de vantagem por tempo indefinido. A tendência é que sua inovação seja imitada por diversos empreendedores, que deslocarão suas atividades para a produção desse novo produto. Esse é o processo que ativa a economia, já que engendra uma onda de investimentos de capital, elevando o nível do emprego. No entanto, a generalização da inovação acaba por anular sua vantagem inicial, e a intensificação da competição força os preços para baixo, reduzindo as margens de lucro. A declinação dos lucros produz, por sua vez, declínio dos investimentos. Na dinâmica capitalista, passado um tempo do *boom* da inovação, volta-se à calmaria (Schumpeter, 1997).

Um ponto que também vale destacar agora é o de que o empresário de Schumpeter não é necessariamente o detentor de capital. Para colocar em prática suas ideias, ele precisa ter acesso ao capital, ou, em outros termos, acesso ao **crédito**. Assim, pode-se dizer que, apesar de desenvolverem visões bastante diferentes sobre o capitalismo, Schumpeter e Keynes têm em comum a importância que atribuem ao crédito.

Como nota Blyth (2017, p. 175), Schumpeter pôs os empresários[14] no centro de sua análise da depressão e do que fazer com ela. Para Schumpeter, pode haver uma explosão de investimentos malsucedida, levando determinados setores à falência e à liquidação. Queima-se capital. Essa **crise**, paradoxalmente, é o que impulsiona o sistema. "O processo de liquidação, de fracasso, produz a matéria-prima para a rodada seguinte de inovação e investimento", esclarece Blyth (2017, p. 175).

A lógica do sistema, portanto, exige esse processo de destruição criadora, no qual o Estado não deve intervir. A intervenção estatal desvirtuaria a lógica do sistema, que necessita da crise para recriar dinamicamente o ciclo de investimento e inovação. Diante da crise, afirma Schumpeter (citado por Blyth, 2017, p. 175): "Qualquer reanimação que se deva meramente a um estímulo artificial [...] deixa parte do trabalho das depressões por fazer e aumenta um resto não digerido de mau ajustamento".

A visão schumpeteriana do capitalismo, portanto, é a de um sistema contraditório e marcado por crises, nas quais o Estado não deve intervir.

---

14 *O empreendedor de Schumpeter não é o burguês de Marx. Não constitui uma classe nem é a personificação de uma categoria econômica. Empreendedores são indivíduos dotados de talentos específicos. A visão de Schumpeter (1961) pode ser situada na chamada teoria das elites, como ficará mais claro ainda em suas reflexões sobre a democracia em* Capitalismo, socialismo e democracia. *Retornaremos a esse ponto no Capítulo 6, com algumas reflexões sobre o papel da política.*

(4.5)
FRIEDRICH HAYEK, MILTON FRIEDMAN E O NEOLIBERALISMO

O avanço que a economia política, na qualidade de área do conhecimento, experimentou ao longo do século XX foi inegável. As ideias de Keynes abalaram fortemente alguns consensos estabelecidos pela teoria neoclássica[15] e ofereceram explicações alternativas sobre o funcionamento da economia capitalista. Isso, no entanto, não significou o desaparecimento do pensamento econômico liberal. Diferentemente do que ocorre nas ciências ditas naturais – aquelas que se ocupam de explicar fenômenos físicos ou químicos –, as ciências sociais convivem com a coexistência de diferentes paradigmas de análise. Dito de outro modo, diferentes matrizes de pensamento, que têm determinado núcleo lógico e um conjunto de proposições que orientam suas teorias e análises, são aceitas pela disciplina "ao mesmo tempo", ainda que elas se contradigam. Desse modo, embora Keynes e os keynesianos acreditem terem refutado a explicação liberal sobre a economia, sua teoria não foi capaz de enterrar o liberalismo econômico.

Podemos dizer, assim, que, dada a impossibilidade de alcançar uma solução definitiva e inquestionável sobre qual teoria estaria "certa" e qual estaria "errada", visto que, muitas vezes, uma teoria parte de certos pressupostos que não são perfeitamente demonstráveis ou não são compartilhados por aqueles que utilizam outra chave

---

15 Keynes (1983) inicia a Teoria geral, já no primeiro capítulo, questionando frontalmente os postulados da teoria clássica (aqui sinônimo de neoclássica, que Keynes chamava apenas de clássica). Lembremos que, em geral, adota-se o termo clássica para se referir aos fundadores, ao passo que o termo neoclássico se refere às abordagens posteriores, que já haviam incorporado o marginalismo e desenvolvido modelos de equilíbrio com base na noção utilitarista de indivíduos maximizadores de utilidade.

de análise da realidade (ou ainda, outros valores e princípios), o que ocorre é, então, uma constante disputa de ideias e teorias. Mais que isso – e esse é o caso da economia política –, essas disputas não se restringem ao universo acadêmico-científico, mas se espalham para o âmbito da política e do Estado. Centrado nos princípios do liberalismo clássico, no qual se alça a liberdade do indivíduo como valor último e fundamental a organizar o mundo social e as atividades econômicas, um grupo de teóricos, filósofos e economistas manteve acesa a chama do liberalismo econômico e travou importantes disputas teóricas e políticas contra as visões keynesianas e socialistas durante o século XX. Revendo diversos elementos da teoria clássica e incorporando avanços da teoria econômica, construiu-se uma vertente de pensamento econômico a que se chama de *neoliberal*[16]. Veremos, a seguir, dois autores que se destacaram e influenciaram sobremaneira os debates científicos e toda a controvérsia de política econômica não apenas do século XX, mas também nos tempos atuais.

4.5.1 A teoria do capital da Escola Austríaca: a contribuição de Hayek

Friedrich Hayek foi profundamente influenciado por Carl Menger, o postulante da noção de utilidade marginal e fundador da Escola Austríaca de Economia. Seguidor direto de Von Mises, Hayek (1985) colocou o sistema de preços no centro de suas preocupações e de

---

16   Esse grupo – bastante heterogêneo, vale frisar – manteve-se, de certa maneira, marginal nos debates econômicos durante o predomínio da teoria keynesiana, o que ocorreu até meados dos anos 1970. Para uma excelente exposição sobre suas ideias e suas disputas, cf. Dardot e Laval (2016).

seu constructo teórico, baseado na teoria do capital e dos estágios de produção.

A teoria do capital proposta pela Escola Austríaca concebe o **capital** não como uma reserva homogênea de dinheiro, mas como uma cadeia de bens inter-relacionados. Nesse caso, o processo de produção é composto por uma série de estágios, o último dos quais seria o de bens de consumo. Isso quer dizer que a produção de um bem de consumo final engendra toda uma cadeia de bens intermediários que exigem investimentos. Esses investimentos em estágios anteriores de produção são parte integrante da estruturação do capital (Hayek, 1985).

O capital depende de uma composição integrada entre os diferentes setores da economia, para os quais se dirigem os investimentos. E só há uma maneira de os investimentos que compõem essa cadeia serem alocados de modo adequado. Aqui entra o papel central do sistema de preços: os **preços** revelam a relação entre oferta e demanda por bens de produção, consumo e serviços. Revelam, portanto, para onde devem dirigir-se os investimentos e onde devem alocar-se os fatores de produção.

É fundamental, no raciocínio de Hayek (1985), que haja uma adequada alocação dos fatores de produção, incluída aqui a **mão de obra**. E essa alocação adequada, como se nota, depende do mecanismo de oferta–demanda–preço. É com base nessa proposição teórica, aparentemente simples, que se origina a controvérsia que marcou boa parte dos debates econômicos do século XX, opondo diferentes visões sobre a origem do desemprego e o papel do Estado e da política econômica.

O **desemprego** seria resultado da discrepância entre o modo como está distribuída a mão de obra e outros fatores de produção entre as diferentes indústrias, de um lado, e o modo como se distribui a demanda pelos bens originados por essa mão de obra, de outro.

Essa discrepância – isto é, esta má alocação dos fatores – é decorrente, por sua vez, da distorção do sistema de preços relativos, só podendo ser corrigida por meio do estabelecimento, em cada setor da economia, de preços e salários "livremente" determinados pelo equilíbrio entre oferta e demanda. E tal equilíbrio só é possível sem qualquer intervenção do Estado.

É isso que leva Hayek (1985, p. 17) a afirmar que o "desemprego atual é o resultado direto da miopia das 'políticas de pleno emprego' adotadas nos últimos 25 anos". O economista austríaco se refere à "ação sistemática e deliberada" de criar emprego mediante a expansão da oferta monetária, isto é, a ação dos bancos centrais de ampliar a quantidade de moeda que circula na economia. Essa criação de emprego adicional por meio da ação pública é, de acordo com Hayek (1985), a causa de depressões recorrentes. A **ação estatal** que visa produzir crescimento – um crescimento artificialmente induzido – produz, necessariamente, um desperdício de recursos, sendo, portanto, contraproducente.

De acordo com esse raciocínio, foi a política monetária e creditícia adotada pelos países industriais do Ocidente que levou o sistema econômico a instabilidades. Diante desse "equívoco histórico", Hayek (1985, p. 25) sugere como solução frear o aumento da quantidade de dinheiro, o que faria surgir um desemprego substancial cumpridor da função de trazer à tona "todos os problemas decorrentes de um direcionamento errôneo da alocação da mão de obra".

Como se nota, o adversário mais direto de Hayek é Keynes e sua política do pleno emprego. Para Hayek (1985, p. 31), a teoria de Keynes, "[e]ssa fórmula que considera emprego como função direta da demanda total, provou ser extraordinariamente efetiva, uma vez que, de alguma forma, era confirmada empiricamente [...]". No entanto, a demonstração empírica da correlação entre demanda agregada e emprego total não passava de uma "ótima evidência científica para uma falsa teoria" (Hayek, 1985, p. 57).

Assim, nota-se que o eixo da argumentação de Hayek é teórico e passa pelos fenômenos da inflação e do desemprego. A primeira seria diretamente decorrente de distúrbios monetários que alteram a composição dos preços relativos. Isto é, injeção de moeda na economia aloca recursos e mão de obra – produz, portanto, emprego. Seu efeito, no entanto, é temporário, pois desequilibra a relação entre a demanda por diferentes bens e serviços e a alocação de mão de obra entre esses bens e recursos. O temporário aumento no nível de emprego será necessariamente acompanhado de inflação e, posteriormente, desemprego. Vemos aqui que **a verdadeira causa do desemprego não reside na insuficiência de demanda agregada.**

Ora, se a teoria de Keynes estava rigorosamente errada, o que explicaria seu sucesso?

> *Esta teoria representava para os políticos não apenas um método barato e rápido de eliminar uma importante fonte de sofrimento humano, mas também um meio de se libertarem das duras restrições que os cercavam quando objetivavam alcançar popularidade. De repente, medidas como gastar dinheiro e gerar déficits orçamentários passaram a ter uma conotação extremamente positiva.* (Hayek, 1985, p. 35)

Como se nota, a alta receptividade das ideias de Keynes – sobretudo por parte dos políticos – é explicada por Hayek (1985) em função dos seus efeitos positivos a curto prazo, o que também gera dividendos positivos, em termos eleitorais e de popularidade, aos governos que as adotarem. Vale ressaltar dois pontos fundamentais que permeiam a economia política, objeto deste livro: o primeiro diz respeito às **contendas teóricas**, que não são solucionadas em definitivo por meio de demonstrações empíricas, pois, por se tratar de fenômenos "essencialmente complexos", nos termos de Hayek (1985), os dados quantitativos levantados dão conta de apenas alguns aspectos que envolvem os fatos a serem explicados.

O segundo aspecto, de fundamental importância, reside na magnitude da **contenda política** gerada em torno da controvérsia teórica: a teoria de Keynes sustentava teoricamente a intervenção do Estado na dinâmica econômica, ao passo que a teoria de Hayek rejeitava toda intervenção pública nos ciclos econômicos como algo contraproducente. Essa dualidade de visões marcou todo o debate econômico e, em específico, macroeconômico, ao longo de todo o século XX[17].

4.5.2 Milton Friedman e o monetarismo

A filosofia fundante e o alicerce central do pensamento de Milton Friedman (1984) é o de que a liberdade e o bem-estar dos indivíduos só são possíveis em um sistema de livre mercado, entendido como um sistema marcado pela **livre-iniciativa** e onde haja total **descentralização** das decisões. A centralização decisória pelo Estado só causa distorções e cerceamento das liberdades individuais. Nesse sentido, Friedman (1984) afirma que seu pensamento é liberal no sentido "original", o que consiste em alçar a liberdade como objetivo último e o indivíduo como entidade principal da sociedade. A posição do autor fica clara já em sua apresentação à obra *Capitalismo e liberdade*:

---

17 *Não argumentamos aqui que os embates políticos derivam unicamente da contenda teórica, visão que seria ingênua do ponto de vista da economia política. As relações entre as ideias econômicas e seu processo de transmutação em políticas de Estado são complexas e permeadas por embates de diversos tipos. Para um rico relato da contenda entre Hayek e Keynes e suas influências sobre as decisões políticas, cf. Wapshott (2017). Para uma análise da relação entre ideias econômicas e política econômica no Brasil recente, cf. Calabrez (2018).*

"[p]ara o homem livre, a pátria é o conjunto de indivíduos que a compõem, e não algo acima e além deles" (Friedman, 1984, p. 11).

Na apresentação dessa que pode ser considerada uma obra síntese de seu pensamento, Friedman (1984) anuncia que seu tema central é o **capitalismo competitivo**, entendido como uma forma de organização da atividade econômica que ocorre por meio da empresa privada operando em um mercado livre. Esse *sistema* – podemos chamá-lo assim – é marcado pela total descentralização das decisões econômicas, o que é condição essencial à garantia da liberdade econômica. Esta, por sua vez, é condição necessária à liberdade política.

Vejamos como Friedman desenvolve seu raciocínio.

Capitalismo e liberdade inicia-se com a afirmação de sua tese central: economia e política não são esferas dissociáveis. Não é possível haver liberdade política sem liberdade econômica. Seus interlocutores são as correntes do século XX, que vão desde a social-democracia europeia até o socialismo democrático, as quais defendiam um capitalismo regulado, com forte intervenção estatal no domínio econômico, que, no limite, seria a planificação econômica. Essas correntes afirmavam que era desejável a ação do Estado que objetivasse um aumento do bem-estar econômico e social, o que não entraria em qualquer contradição com a manutenção das liberdades políticas. Para Friedman (1984), no entanto, tais posições seriam incompatíveis com a garantia das liberdades plenas do indivíduo, só possíveis por meio do capitalismo competitivo. Assim, diz Friedman (1984, p. 19):

> *A evidência histórica fala de modo unânime da relação existente entre liberdade política e mercado livre. Não conheço nenhum exemplo de uma sociedade que apresentasse grande liberdade política e que também não tivesse usado algo comparável com um mercado livre para organizar a maior parte da atividade econômica.*

O ponto central do raciocínio é a organização e a coordenação econômica. Aqui vale notar que, ao contrário do que afirma uma certa crítica descuidada aos (neo)liberais, Friedman (1984) não concebe a sociedade como mero agrupamento de indivíduos desconectados. Na sociedade, sobretudo as mais "avançadas", há uma interdependência entre as pessoas que fornecem o pão e as que fornecem os automóveis – para usarmos o exemplo do próprio Friedman (1984, p. 21). No entanto, sua filosofia liberal coloca a **liberdade individual** como um valor máximo e inegociável – acima, portanto, de todas as coisas. Desse modo, "O desafio para o que acredita na liberdade consiste em conciliar essa ampla interdependência com a liberdade individual" (Friedman, 1984).

A questão do **poder** é fundamental ao raciocínio de Friedman. A centralização do poder nunca é positiva e sua tendência é que ele se concentre cada vez mais e leve a abusos e cerceamento das liberdades. Por isso, nesse caso, qualquer planejamento central da economia exigiria centralização de poder e só se efetivaria por meio da coerção, o que, por definição, é contrário às liberdades individuais plenas. Sua posição quanto a isso é convicta: "Fundamentalmente, só há dois meios de coordenar as atividades econômicas de milhões. Um é a direção central utilizando a coerção – a técnica do Exército e do Estado totalitário moderno. O outro é a cooperação voluntária dos indivíduos – a técnica do mercado" (Friedman, 1984, p. 21).

A possibilidade da cooperação voluntária é derivada da "proposição elementar" (o termo é de Friedman) de que há um benefício mútuo para os participantes das transações econômicas. O raciocínio é muito semelhante ao de Adam Smith em sua célebre passagem sobre o que motivaria o ofício do cervejeiro e do padeiro (ver Capítulo 2). É possível, portanto, falar em "coordenação voluntária", livre da coerção que caracteriza o poder do Estado.

A ação do Estado no domínio econômico ou, para dizer de maneira mais precisa, no conjunto de atividades econômicas – já que economia e política não seriam esferas dissociadas – não seria indesejável apenas por cercear as liberdades individuais. Sem dúvida, a garantia dessas liberdades é a preocupação central do pensamento liberal. Mas há também outra razão de extrema importância a justificar a **abstenção do Estado** diante da atividade econômica: ela reduziria aquilo que os economistas chamam, em linguagem contemporânea, de *eficiência*. As ações que os governos empreendem em busca do chamado *emprego total* (ou também *pleno emprego*) ou em busca do crescimento econômico são, assim como em Hayek, frontalmente criticadas por Friedman (1984). Por isso, medidas como proteção tarifária, restrições ao comércio, fixação de preços e salários, subsídios creditícios ou quaisquer outras que intervenham na determinação dada pelo mercado apenas trariam o efeito de fornecer um "incentivo inconveniente" e inadequado dos recursos e distorcer o investimento de novas poupanças (Friedman, 1984, p. 43).

Ora, Friedman e Hayek não viram o desastre causado pela Grande Depressão?

A resposta à pergunta é positiva.

A economia política como esquema de interpretação da realidade, no entanto, não esgota todos os aspectos de um fenômeno em análise.

Para Friedman, tanto quanto para Hayek, a teoria e o diagnóstico de Keynes estavam errados. A Grande Depressão de 1929 foi estudada por Friedman, tarefa durante e após a qual o autor, ao analisar a história monetária dos Estados Unidos, chegou à conclusão de que o estoque de dinheiro e os níveis dos preços e da produção se tornaram mais instáveis justamente após a adoção de medidas discricionárias por parte do Estado, mais especificamente, após a instauração de uma autoridade monetária corporificada no Banco Central[18]. A crise de 1929 não foi, portanto, a seu ver, fruto de uma suposta instabilidade inerente ao sistema e sua tendência ao desaquecimento da demanda, tendo sido, ao contrário, fruto da própria incompetência do governo, que, mesmo dotado da prerrogativa legal necessária, permitiu a queda drástica do estoque de dinheiro e a falência bancária generalizada (Friedman, 1984).

Aqui reside um dos pontos centrais da teoria de Friedman: o estoque de moeda. A ele se relacionam as variáveis inflação e desemprego. A inflação, de acordo com essa abordagem conhecida como **monetarismo**, é um fenômeno puramente monetário, de modo que a determinante final do nível de preços é o estoque monetário[19].

As visões sobre a natureza dos ciclos econômicos e sobre o papel do Estado e da política desenvolvido pelos autores aqui apresentados dariam origem às mais ferrenhas controvérsias teóricas e políticas a animar todo o século XX, produzindo orientações divergentes sobre políticas fiscal e monetária e sobre o desenvolvimento econômico.

---

18 *No início, o sistema bancário americano não contava com uma autoridade pública central. O Federal Reserve (FED) foi criado após diversas crises bancárias e a ele foi dado o poder de regular a quantidade de dinheiro demandada pelo "público", isto é, pelo sistema econômico e seus bancos privados.*

19 *Trata-se de uma versão mais moderna da antiga teoria quantitativa da moeda. Foge ao escopo deste livro desenvolver os debates sobre teoria monetária e macroeconomia. Para mais informações, cf. Krugman e Wells (2011).*

(4.5)
O CAPITALISMO NO PÓS-GUERRA

> Ninguém desconhece a importância decisiva que tiveram a teoria do desenvolvimento econômico de Schumpeter e a "revolução teórica" keynesiana na origem e na legitimação da "economia do desenvolvimento", ao encaminhar conceitualmente a rebelião antineoclássica que acompanhou a desilusão liberal dos anos 1930.
>
> (Fiori, 1999, p. 25)

Como é sabido, os Estados Unidos saíram, embora de forma muito lenta, do atoleiro da Grande Depressão. As medidas do New Deal foram, em grande medida, consideradas responsáveis pela recuperação econômica, e os Estados Unidos despontaram, no século XX, como potência hegemônica. Após a Segunda Guerra Mundial, os americanos tomaram a frente no sistema monetário internacional e lograram impor a hegemonia do dólar. Construía-se o chamado *Acordo de Bretton Woods* e o padrão dólar-ouro.

> **Curiosidade**
>
> *New Deal* é o nome atribuído ao conjunto de medidas que o presidente Franklin Delano Roosevelt adotou nos Estados Unidos entre 1933 e 1937 a fim de reverter o desemprego e a depressão econômica pela qual passava o país. As medidas incluíam maciço investimento público em obras e projetos de infraestrutura e diversas regulamentações em setores da economia, além da criação do seguro-desemprego.

A conferência de Bretton Woods (1944) buscou construir um sistema de regras, instituições e procedimentos para regular a política econômica internacional. A Segunda Guerra Mundial chegava a seu fim, e os Estados Unidos despontavam como nação beneficiada diante de uma Europa devastada pela guerra e orquestravam estratégias para reforçar sua hegemonia econômico-financeira. Keynes teve participação ativa na conferência e propôs medidas regulatórias e mecanismos que visavam atenuar os problemas decorrentes dos desequilíbrios nos balanços de pagamentos dos países por meio da criação de um sistema internacional de pagamentos e de criação de liquidez.

Vale reproduzir suas palavras em discurso na Câmara dos Lordes em 1943:

> *nós precisamos de um instrumento como meio de pagamento internacional que tenha aceitação entre as nações [...], nós precisamos de determinação das taxas de câmbio de todas as moedas conforme regras estabelecidas e acordadas tal, que as ações unilaterais e desvalorizações competitivas das taxas de câmbio sejam evitadas [...] em um sentido mais amplo, precisamos garantir, para um mundo conturbado, que os países cujas próprias questões forem conduzidas com a devida prudência terão aliviada sua aflição por uma situação pela qual não são responsáveis.* (Keynes, citado por Harrod, citado por Fiori, 1999, p. 52)

O que Keynes estava propondo era um sistema coordenado que evitasse a necessidade de ajustes recessivos como resposta a fatores externos. Aspectos importantes de suas propostas, como a criação de uma moeda reserva ("bancor") e estratégias de cooperação, foram vetados pelos Estados Unidos por razões políticas e de interesse nacional e geopolítico (Varoufakis, 2016).

O resultado foi então a consolidação dos Estados Unidos no cenário geopolítico e geoeconômico e a reconstrução do sistema monetário internacional, com o advento do **padrão dólar-ouro**. Esse padrão monetário, apesar de garantidor da hegemonia estadunidense, por conta da supremacia de sua moeda como referência nas transações internacionais, também funcionou como garantidor de certa estabilidade nas relações monetárias e políticas internacionais, sobretudo porque foi marcado por forte regulação financeira.

O que se seguiu ao longo da segunda metade do século XX foi um processo de prosperidade econômica. A Europa experimentou taxas de crescimento relativamente elevadas, ganhos de produtividade acompanhados de aumentos nos salários e consolidação de um modelo social-democrata, com amplas políticas de Welfare State e proteção dos direitos do trabalho. Chamou-se a esse arranjo de *regime fordista de acumulação* (Boyer, 2009) ou *anos dourados do capitalismo*, modelo que entraria em crise nos anos 1970.

> **Curiosidade**
>
> Denomina-se *Welfare State* o modelo econômico e social construído nos países europeus – com mais intensidade nos países escandinavos – que consiste na regulação estatal de alguns setores da economia e em uma ampla política social que visa garantir o bem-estar de suas populações mediante expressivos gastos públicos em setores como saúde e educação, além de ampla malha de proteção social na área previdenciária e de seguro-desemprego. Tais políticas são embasadas não apenas na ideia de bem-estar humano e social como um valor, mas também na noção de que tais medidas são funcionais à própria economia, fazendo gerar riqueza.

> Esse modelo foi construído com base em amplos acordos sociais que envolveram sindicatos e empresariado, teve o constante suporte de partidos de centro-esquerda (partidos da social-democracia) e se expandiu fortemente no pós-Segunda Guerra Mundial. A partir do final dos anos 1970, ele passa a ser questionado e desafiado em alguns países, diante do fortalecimento de partidos políticos de corte mais conservador e do fortalecimento de ideias econômicas de matriz liberal.

No campo das teorias econômicas, emergiu o que Albert Hirschman chamou de *economia do desenvolvimento* – um conjunto de abordagens sobre crescimento econômico que teve como pioneiros os trabalhos de Rosenstein-Rodan (1969) e Ragnar Nurkse (1957) e rendeu um amplo debate ao longo dos anos 1950 e 1960, não apenas nos países europeus como também na América Latina, com a importante vertente denominada *estruturalismo latino-americano* de Raúl Prebisch (Fiori, 1999). Voltaremos a esse tema no próximo capítulo.

Ao final dos anos 1970, no entanto, uma série de fatores começou a reconfigurar o capitalismo internacional e, do ponto de vista da política econômica, as "receitas keynesianas" adotadas por boa parte dos países passaram a ser fortemente desafiadas pelo fenômeno da **estagflação**. A visão monetarista de política monetária passou a exercer influência política em fins dos anos 1970, tendo tornado-se política de Estado na Grã-Bretanha com a eleição de Margaret Thatcher, do partido conservador. Essa virada na política econômica não veio sem uma ferrenha crítica ao Estado de bem-estar social e suas políticas de proteção social. Em 1979, nos Estados Unidos do governo Carter, o Federal Reserve (FED) promoveu uma virada radical em sua política monetária implementando um choque de juros de inspiração monetarista que produziria efeitos catastróficos sobre os países latino-americanos, que vinham de décadas de crescimento acelerado financiado por endividamento externo.

Quais lições a economia política poderia tirar desse período?

Quais seriam de fato as características do chamado *sistema capitalista*, esse sistema dinâmico em constante transformação?

Mais que isso: seria possível entendê-lo com base em "leis" próprias, de funcionamento independente do poder político e das lutas sociais?

No próximo capítulo, buscaremos apresentar um debate sobre desenvolvimento econômico cujo fio condutor serão as relações possíveis entre Estado e mercado.

Síntese

Neste capítulo, analisamos a divergência de Keynes em relação à teoria neo(clássica) e a incapacidade desta em oferecer saídas à Grande Depressão dos anos 1930. Abordamos os elementos centrais da teoria de Keynes, com ênfase para o problema da insuficiência de demanda e o papel da política fiscal. Em seguida, contrastamos a visão de Keynes sobre o capitalismo com a de Schumpeter e a noção de destruição criadora.

Examinamos, ainda, a vertente de pensamento econômica liberal, destacando os principais expoentes do século XX. A teoria do capital e dos estágios de produção, de Hayek, e o monetarismo de Milton Friedman, possibilitaram evidenciar não apenas as divergências teóricas em relação aos autores anteriores (Schumpeter e, sobretudo, Keynes), mas também as divergências políticas que se derivam das divergências teóricas. A teoria keynesiana, de um lado, e a (neo) liberal, de outro, organizariam a grande controvérsia do século XX no que diz respeito ao papel da ação do Estado no funcionamento do sistema econômico capitalista.

Questões para revisão

1. Qual elemento Keynes considera central para que o sistema econômico não entre em recessão?
   a) Garantia do livre mercado.
   b) Protagonismo do Estado na competição internacional.
   c) Organização da produção por um planejamento central.
   d) Existência de demanda efetiva.
   e) Organização política dos trabalhadores em conjunto com a defesa constante de seus direitos

2. Para Schumpeter, qual é o elemento essencial para a dinâmica do capitalismo?
   a) Regulamentação estatal.
   b) Inovação.
   c) Exploração da força de trabalho.
   d) Crises causas por falta de demanda.
   e) Luta de classes.

3. (Cespe/Cebraspe – 2018 – Instituto Rio Branco) Na década de 1930, durante a Grande Depressão, a teoria econômica debatia, entre outros temas, as causas do persistente desemprego, que assolava grandes contingentes populacionais. Uma das publicações que ganhou maior destaque nesse debate foi a *Teoria geral do emprego, do juro e da moeda* (1936), de John Maynard Keynes. Nessa obra, Keynes marcou os princípios teóricos que revolucionaram o pensamento econômico e até hoje é referência nas discussões sobre os determinantes do emprego, da renda e da produção agregados. Acerca das contribuições de Keynes à teoria macroeconômica e das deliberações produzidas durante a Conferência de Bretton

Woods (1944), da qual Keynes participou ativamente, indique C (certo) ou E (errado) nos itens seguintes.

( ) Na Conferência de Bretton Woods, Keynes, como representante do Reino Unido, teve papel ativo e central na construção de uma governança financeira global. Nessa conferência, Keynes sugeriu um regime de taxas de câmbio flutuantes como forma de apoiar o crescimento do comércio internacional, que foi fundamental para a recuperação econômica do pós-guerra.

( ) Conforme Keynes, o nível de emprego agregado não se define meramente como um ponto de equilíbrio parcial, dado no encontro de curvas agregadas de oferta e de demanda por trabalho. Para ele, em uma dada estrutura produtiva, o nível de emprego resulta da decisão dos empresários de empregar a força de trabalho em função das expectativas de consumo e de investimento na economia. Assim, poderá persistir o desemprego involuntário enquanto o nível de demanda efetiva for demasiadamente baixo.

( ) A suposição feita por Keynes de que os salários nominais e outros elementos de custo permanecem constantes altera a natureza do raciocínio que ele desenvolveu para explicar os determinantes do volume de emprego agregado.

( ) Para um quadro de crise, uma proposição de política econômica keynesiana seria o governo ampliar os gastos públicos como forma de elevar a demanda agregada e recuperar o nível de emprego, ao passo que, para um momento de superaquecimento, a recomendação keynesiana seria reduzir gastos.

4. Aponte as diferenças entre a visão de Keynes e a de Hayek no que diz respeito ao papel do Estado diante do sistema econômico.

5. Compare as visões de Keynes e de Schumpeter sobre o sistema capitalista.

Questão para reflexão

1. A teoria econômica keynesiana buscou refutar os postulados liberais de que o sistema econômico tende ao equilíbrio e resgatou a importância do Estado para a garantia do pleno emprego. Por que a ação do Estado é importante e qual é a controvérsia que se criou com o pensamento liberal?

Para saber mais

Para o leitor interessado em se aprofundar nas ideias de Keynes e de Hayek e entender como se construiu a controvérsia entre esses dois grandes influentes economistas, vale a pena conferir a obra: WAPSHOTT, N. **Keynes x Hayek**: as origens – e a herança – do maior duelo econômico da história. Rio de Janeiro: Record, 2017.

Capítulo 5
Economia política do desenvolvimento: teorias e práticas

Conteúdos do capítulo:

- Contribuições teóricas e analíticas sobre o desenvolvimento econômico.
- Um resgate histórico sobre os movimentos do capitalismo entendido como processo social.
- O contraste entre as diferentes visões que a economia política produziu sobre o processo social.

Após o estudo deste capítulo, você será capaz de:

1. compreender como a interação entre Estado e mercado é fundamental para o capitalismo;
2. distinguir as principais abordagens sobre desenvolvimento econômico;
3. identificar as configurações que o capitalismo adquiriu no século XX;
4. refletir sobre o alcance explicativo das diferentes escolas da economia política diante de processos históricos.

> *Os processos de desenvolvimento econômico são também em última instância lutas de poder. São interesses de poder nacional sempre que postos em questão, e são os interesses últimos e decisivos que a política econômica de uma nação deve servir. A ciência da política econômica nacional é uma ciência política.*
>
> (Weber, 1979, p. 69)

Nos capítulos anteriores, destacamos os principais desenvolvimentos pelos quais a economia política passou. O propósito do presente capítulo é o de apresentar de maneira mais detalhada o debate sobre a relação entre Estado e mercado, o qual pode ser construído com base nas abordagens já tratadas.

Antes de organizar esses temas a fim de construir um debate, é preciso definir alguns parâmetros. Como apontamos, a história da economia sofre uma grande cisão metodológica, produzindo grandes divergências não apenas sobre o método adequado de investigação, mas também sobre a própria concepção a respeito do que seria o objeto dessa área do conhecimento. Nesse âmbito, a economia política clássica surgiu como investigação das leis que ordenariam o processo de produção e distribuição do produto social. Na vertente liberal, tais leis seriam tomadas como naturais, ao passo que, na versão marxista, seriam produto histórico de relações sociais concretas. Em ambos os casos, no entanto, são relações estabelecidas no processo de produção.

O desenvolvimento da economia política conduz suas investigações para os mecanismos e as leis que regulam o processo de acumulação capitalista, procurando explicar sua dinâmica[1]. É um caminho diferente, portanto, daquele que segue as contribuições do utilitarismo e marginalismo de maneira estrita, para o qual a economia deveria ser uma ciência da escolha que opera com um *homo economicus* (a-histórico) maximizador em contexto de escassez. Essa vertente, que se tornou dominante, sobretudo no universo anglo-saxão, renuncia ao termo *political economy*, substituindo-o por *economics*[2]. Não é esse o caminho, não custa recordar, que seguimos aqui.

O percurso aqui seguido, como deve ter ficado claro, implica um olhar para a dinâmica de desenvolvimento do capitalismo, com suas tendências, seus limites e suas contradições. Ora, no fundo, trata-se dos processos de **industrialização** e de **desenvolvimento econômico**.

Estamos falando dos processos históricos de industrialização, que se deram em momentos diferentes nos diferentes países, e dos processos de desenvolvimento tecnológico e de competição que conferem dinâmica ao sistema econômico. Esses processos históricos revelaram, como pudemos notar até aqui, que Estado e mercado são os elementos – ou instituições – fundamentais ao funcionamento do capitalismo. Sendo ambos indispensáveis, o que varia ao longo

---

[1] Resumidamente: Keynes investigou os motores da demanda efetiva e as tendências estacionárias que podem acabar bloqueando o ciclo de acumulação do capital em sua esfera produtiva (ou manter baixo o nível de "emprego dos fatores"). Schumpeter, por sua vez, investigou o elemento propulsor do sistema, guiado por uma (paradoxal) lógica destrutiva e (re)criadora.

[2] Vale relembrar a sintética definição de Lionel Robbins (citado por Avelãs Nunes, 2007, p. 34) : "A economia (economics) é a ciência que estuda o comportamento humano enquanto relação entre fins e meios escassos susceptíveis de usos alternativos". Cf. também a definição de Mankiw (1995).

do tempo e dos países é a forma como Estado e mercado se interconectam para gerir o sistema econômico capitalista[3].

A interação entre a lógica expansiva ou contracionista do sistema capitalista e suas estruturas políticas correspondentes, que visam minimizar crises, ou produzir crescimento, ou ampliar a competitividade diante de outras nações etc., diz respeito, no fundo, a processos de desenvolvimento econômico; é parte de um movimento em busca do desenvolvimento, no sentido amplo. São as tentativas de desenvolver o capitalismo que mobilizam energias e intensificam a simbiose entre a ação dos Estados e o movimento de acumulação de capital, sempre em um cenário de **competição internacional**.

Como deverá ficar claro adiante e com base no que foi visto até agora, o mecanismo de mercado continua indispensável ao processo de acumulação do capital, assim como as instituições do Estado. O percurso seguido por cada país vai depender de um conjunto de fatores, nos quais se incluem os objetivos políticos traçados e/ou negociados e sua posição no sistema de competição internacional. É então sob esta ótica – industrialização e desenvolvimento econômico – que faz sentido construirmos um debate sobre as relações entre Estado e mercado. Para isso, vamos nos deter às teorias do desenvolvimento econômico.

---

3 Para uma análise comparativa das formas de coordenação do capitalismo, cf. Hall e Soskice (2001).

(5.1)
ABORDAGENS SOBRE O DESENVOLVIMENTO ECONÔMICO

Se traçarmos um panorama geral dos processos pelos quais passaram os países desde o advento da Revolução Industrial, podemos extrair algumas lições fundamentais. O advento da indústria como modo de organização e produção econômica espalhou-se por todos os cantos do globo, promovendo o desenvolvimento das forças produtivas e a divisão do trabalho. Esses elementos dizem respeito ao processo de desenvolvimento do próprio capitalismo, que é, como vimos, o objeto de estudo da economia política clássica e marxista. Desse modo, podemos dizer que temas como *desenvolvimento econômico* e *industrialização* estão na própria origem da economia política, que nasceu fortemente influenciada pela ideia otimista de progresso material.

No entanto, o processo histórico e social que se seguiu demonstrou que, apesar de os elementos mais gerais do modo de produção capitalista terem-se espalhado (como divisão do trabalho, acumulação de capital e sofisticação produtiva), havia também uma série de diferenças e especificidades em cada país, o que revela que:

- não há um caminho e uma estratégia única e padrão que os países em processo de industrialização possam seguir;
- o processo de desenvolvimento não é linear e não se espalha de maneira homogênea para todos os países, sendo possível observar determinada lógica de poder quando inserimos os casos no quadro do sistema internacional de Estados-nação, marcado por uma forte hierarquia.

Essas questões colocaram problemas para que os economistas políticos pensassem os processos de desenvolvimento econômico e buscassem identificar seus fatores causais e suas especificidades. Vejamos, a seguir, algumas das abordagens produzidas ao longo do século XX.

5.1.1 Perspectiva histórico-comparativa sobre as vias de desenvolvimento e industrialização

Uma tese clássica sobre as etapas da modernização, a qual inspirou toda uma agenda de pesquisa sobre Estado e, em específico, sobre desenvolvimento econômico, foi a de Moore Jr. (1983). Em torno dela se desenvolveu, nos anos 1960, uma vertente de análise histórico-comparada que analisou os múltiplos caminhos seguidos pelos Estados europeus em seus processos de modernização e industrialização. Nesse contexto, destaca-se a contribuição de Alexander Gerschenkron no campo de estudo sobre os processos tardios de desenvolvimento econômico.

Gerschenkron (2015) analisou o processo de desenvolvimento de países "atrasados", com especial atenção para o caso da Rússia e da Alemanha. Nesses países, a presença de "instrumentos institucionais", sobretudo a ação do Estado e a existência de bancos de investimento projetados para financiar as necessidades de investimento de longo-prazo, como é o caso da infraestrutura, foram fundamentais. Um sistema financeiro profundamente conectado à indústria produzia a sinergia necessária e garantia um mecanismo de financiamento de um desenvolvimento que, estando em atraso em relação a seus competidores, exigia investimentos pesados em larga escala (Gerschenkron, 2015).

É a situação de atraso que, no paradigma construído por Gerschenkron (2015), funciona como elemento catalisador do surto industrializante, pois ela geraria internamente uma situação de tensão que se desdobraria em descontinuidade[4]. A industrialização tardia coloca o país que a persegue em uma situação de intensa competitividade: "Isso é importante porque o momento em que se entra na economia mundial determina de modo não desprezível o tipo de Estado que se desenvolve para se envolver nessa economia, sendo a regra básica que quanto mais tarde se desenvolver, maior e mais intervencionista será o Estado" (Blyth, 2017, p. 194).

Deslocando então o foco de análise para o que Blyth denomina de *tipo de Estado*, vale mencionar o amplo debate que se desenvolveu na ciência política em torno de estratégias de desenvolvimento que envolveram a criação de um conjunto de órgãos estatais estratégicos, produzindo o conceito de **Estado desenvolvimentista**. Nesse debate, destaca-se a pesquisa de Johnson (1982), que analisou o papel do Estado japonês no desenvolvimento acelerado, modelo replicado em outros casos asiáticos, como na Coréia do Sul[5].

Na visão de Fiori (1999, p. 30), cujo enfoque não é feito sobre os tipos de Estado, mas sim sobre a dinâmica do sistema internacional, Gerschenkron teria atribuído demasiada capacidade de coerência e racionalidade econômica às estruturas estatais construídas para acelerar o desenvolvimento econômico, dando pouca atenção à forma de inserção dos países na dinâmica competitiva da "economia-mundo" europeia.

Como visto, as análises de Gerschenkron (2015) não desconsideram a dinâmica competitiva entre os países. Ao contrário, é a competição intercapitalista e interestatal que engendra o desenvolvimento. No entanto, a análise histórico-comparativa do autor foca

---

4   Na análise de Gerschenkron (2015), a existência de "ideologias pró-industrialização" é pré-requisito fundamental para sustentar o surto acelerado de industrialização.
5   Cf. também Perissinotto (2014) e Bresser-Pereira (2016).

nas estratégias nacionais. São os casos de desenvolvimento e suas diferentes trajetórias o objeto da análise. Gerschenkron (2015) não pretende oferecer uma análise da dinâmica da economia internacional, explicada com base em si mesma como um sistema. Contribuições sobre o desenvolvimento econômico que atribuem ênfase maior à dinâmica internacional serão encontradas no chamado *estruturalismo latino-americano* e em sua teoria do centro-periferia, que figura como uma das mais influentes teorias do desenvolvimento.

5.1.2 O DESENVOLVIMENTISMO CLÁSSICO E O ESTRUTURALISMO LATINO-AMERICANO

No pós-Segunda Guerra Mundial, produziu-se um conjunto de esforços em busca das causas do crescimento, do desenvolvimento econômico e do atraso que alguns países experimentavam em relação a outros. Influenciados por Keynes e por Schumpeter, tendo com estes em comum a recusa aos esquemas teóricos neoclássicos, Harrod e Domar foram um dos pioneiros a desenvolver modelos de crescimento que influenciariam, no início dos anos 1950, um conjunto de abordagens a que Albert Hirschman denominou de *development economics* (Fiori, 1999) e a que Bresser-Pereira (2019, p. 214) chamou de *desenvolvimentismo clássico*:

> *O desenvolvimentismo clássico foi desenvolvido entre as décadas de 1940 e 1960 por economistas como Rosenstein-Rodan, Arthur Lewis, Raúl Prebisch, Gunnar Myrdal, Hans Singer, Michael Kalecki, Albert Hirschman e Celso Furtado. Esse arcabouço teórico teve como centro de irradiação Santiago do Chile, onde está sediada, desde 1948, a Comissão Econômica para a América Latina e o Caribe (Cepal) das Nações Unidas, e, por esse motivo, é frequentemente chamado de "estruturalismo cepalino". Desenvolvimentismo clássico é um bom nome porque a expressão*

"desenvolvimentismo" se aplica a um fenômeno histórico real – a forma de organização econômica e política do capitalismo alternativa ao liberalismo econômico – que caracterizou as revoluções industriais de todos os países desde a primeira industrialização, a da Grã-Bretanha.

Apesar de expressivas diferenças entre cada um dos autores citados, todos tinham em comum o entendimento de que, para haver elevação no padrão de vida das sociedades, seria necessário um movimento de mudança estrutural marcada pelo aumento da produtividade, exigindo, assim, a transferência de trabalho dos setores mais simples (agricultura) para aqueles onde há maior sofisticação produtiva. Em uma palavra: *industrialização*.

Tendo isso em vista, os autores teorizaram sobre fatores como disponibilidade de mão de obra e o problema de escassez de poupança e da necessidade de amplos investimentos para engendrar o processo de industrialização em determinados países. Além disso, é fundamental frisar aqui, eles afirmavam também a importância da ação do Estado como ente capaz de coordenar os investimentos necessários e catalisar o processo de industrialização, que não viria, como pensavam os neoclássicos, de maneira automática[6].

O contexto em que essas teorias floresceram foi o de otimismo em relação às possibilidades de a economia capitalista oferecer melhoras no padrão de vida e de bem-estar humano e, no caso da América Latina, de superar sua condição de "atraso" em relação aos países centrais e mais desenvolvidos.

O texto considerado inaugural do estruturalismo latino-americano (ou estruturalismo cepalino) foi escrito por Raúl Prebisch em 1949, intitulado "O desenvolvimento econômico da América Latina

---

6 Para uma exposição crítica sobre o desenvolvimento dessas teorias e seus contextos históricos, cf. Fiori (1999).

e alguns de seus principais problemas" (Prebisch, 2011). Nele, o autor teorizou sobre as possibilidades e os caminhos possíveis ao desenvolvimento econômico e expôs as teses fundamentais sobre as quais repousou o pensamento da Comissão Econômica para a América Latina (Cepal)[7] (Prebisch, 2011).

> **Curiosidade**
>
> A Cepal foi criada pela ONU, em 1948, com o intuito de produzir análises e diagnósticos sobre o subdesenvolvimento e a pobreza nos países latino-americanos. A instituição reuniu um conjunto de economistas e cientistas sociais que se debruçaram sobre esses problemas e buscaram construir, com base na análise da realidade, projetos de transformação social e econômica que exigiam a intervenção do Estado e algum grau de planejamento da economia, sempre guiados pelo desejo de superação da pobreza. A maioria de seus documentos fundadores eram assinados pelo economista argentino Raúl Prebisch, motivo pelo qual usamos aqui *pensamento cepalino* e *Prebisch* de maneira indistinta. A Cepal tornou-se, nas décadas de 1950 e 1960, um importante polo irradiador do pensamento econômico progressista para os países latino-americanos.

De maneira diferente da *development economics* de matriz anglo-saxã, Prebisch enfatizou as assimetrias do comércio internacional. Nesse sentido, seu ponto de partida foi a **teoria liberal (ou ricardiana) do comércio internacional**, e seu esquema analítico tomaria as economias nacionais não isoladamente, mas como partes constitutivas de um sistema assimétrico e hierárquico, composto por

---

7   Para uma análise sintética da criação da Cepal e de suas ideias, cf. Moraes (1995).

centro e periferia e pela difusão desigual do progresso tecnológico. Além disso, os ganhos de produtividade experimentados pelos países mais industrializados não se traduziam em queda nos preços dos produtos. Na verdade, tais ganhos de produtividade eram "retidos" pelos trabalhadores dada a capacidade deles de organização sindical, que lhes permitia manter altos os salários. Essa capacidade de organização não existia no setor primário dos países em desenvolvimento, o que lhes trazia, como consequência, a incapacidade de reter ganhos de produtividade.

Nessa relação assimétrica que marca o comércio internacional, os países mais industrializados, situados no centro do sistema, obtêm vantagens ao comerciar com países periféricos produtores de matérias-primas e produtos de baixo valor agregado (*commodities*). Nesse processo de troca, os países da periferia sofrem com o processo de **deterioração dos termos de troca**. Essa tese, que tem como núcleo as relações desiguais do comércio internacional, busca refutar a teoria das vantagens comparativas. A conclusão é a de que a mera especialização em produtos de baixo valor agregado (cujos termos de troca se desvalorizam em relação aos produtos industrializados) impossibilita o processo de industrialização, que será sufocada por graves desequilíbrios no setor externo. Por isso, um dos problemas mais graves para Prebisch era o desequilíbrio estrutural no balanço de pagamentos (Prebisch, 2011).

Além disso, os países da periferia do sistema, de caráter agrário exportador, tinham uma dependência do movimento cíclico do centro, que, quando passava por fases recessivas, produzia choques negativos de demanda nos países periféricos. A dependência de demanda externa e de financiamento externo impossibilitava o crescimento contínuo puxado pelas exportações e o financiamento do desenvolvimento, já que os países periféricos também dependiam dos capitais do centro. O que se tem aí, portanto, não é apenas uma restrição ao crescimento pelo lado externo, mas também a impossibilidade de financiamento desse desenvolvimento.

A abordagem é aqui denominada *estruturalista* por considerar a composição setorial da economia (distribuição entre setores agrícola, industrial, de serviços). Mas, diferentemente das teorias da modernização, a Cepal não considerava que as diferentes composições setoriais fossem decorrentes de etapas necessárias do desenvolvimento. Antes, elas eram vistas como decorrentes da posição do país na divisão internacional do trabalho.

O diagnóstico da Cepal apontava claramente para a necessidade de um programa político e propositivo. Era necessário acionar o Estado para superar a posição desfavorável (periférica) mediante um programa de desenvolvimento e marcadamente antiliberal, na medida em que deveria proteger a indústria infante. A estratégia de crescimento deveria ser planejada e coordenada pelo Estado, pois as características estruturais da periferia não ofereciam condições para que o mercado liderasse o processo (Prebisch, 2011).

Prebisch (2011) inauguraria, então, toda uma escola de pensamento, tendo tido em Celso Furtado o principal desenvolvedor do estruturalismo latino-americano. Furtado (1983), por meio de uma perspectiva histórica de longo prazo, demonstra que o modo de inserção da economia brasileira no capitalismo mundial, que tinha como centro o núcleo industrial europeu, produziu no país **estruturas dualistas**. Este é o cerne de sua teoria do subdesenvolvimento: a penetração do capitalismo comandado desde o centro em nossas estruturas "arcaicas" ou pré-capitalistas não produziu uma estrutura econômica idêntica àquela observada no centro do sistema. Isso ocorreu porque a estrutura criada não se vinculava organicamente à estrutura "arcaica". A massa de lucros gerada nessa economia não se integra na economia local de modo completo, persistindo uma estrutura dual (Furtado, 1983). O **subdesenvolvimento** é, então, um processo histórico, subproduto do próprio desenvolvimento do "centro", e não uma etapa que precederia o desenvolvimento.

Esse diagnóstico de Furtado foi elaborado nos anos 1960 e orientou suas análises ao longo das décadas seguintes, tendo sofrido transformações que preservaram, no entanto, o essencial do diagnóstico. A preocupação central de Furtado (1983) era com a **heterogeneidade estrutural** da economia brasileira, que se exprimia em níveis intoleráveis de desigualdade de renda. A marca do pensamento latino-americano é, portanto, a busca da **superação das desigualdades sociais** observadas e a defesa de uma **ampla ação estatal** em direção ao planejamento e coordenação rumo a uma mudança estrutural que supere a situação de subdesenvolvimento.

5.1.3 O desenvolvimento econômico para os novos institucionalistas

A euforia com as teorias do desenvolvimento econômico vai se reduzindo depois das décadas 1950 e 1960 nos Estados Unidos e na Europa, perdendo destaque e tornando-se marginal nos debates econômicos nos anos 1980, quando passa a imperar o pensamento liberal e quando outras questões, como estabilidade e inflação, passam a dominar a pauta econômica. No entanto, mais recentemente, as discussões sobre desenvolvimento econômico retornaram ao debate anglo-saxão trazendo um leque de contribuições. Vale mencionar aqui North (1990), que resgatou, nos anos 1990, a chamada *economia institucional*, inserindo uma determinada noção de *instituição* nas análises econômicas.

Na verdade, a inserção da variável "instituições" nas análises econômicas não foi obra de North. Veblen (2004) já havia, na virada do século XIX, feito esse movimento. De maneira distinta, também é possível dizer que a escola histórica alemã[8], que defendia a indução como procedimento epistemológico, considerava o quadro de formas institucionais como variável fundamental de análise. Outro autor de grande importância, Polanyi (2012), também analisou a formação da sociedade de mercado entendida como um arranjo institucional fruto de um processo histórico. As noções de *instituição* trabalhadas por essas abordagens eram amplas e distintas entre si, e a preocupação geral delas era compreender os traços gerais da sociedade capitalista e seu sistema econômico. No entanto, todas elas tinham algo em comum: rejeitavam o esquema conceitual neoclássico.

A contribuição de North, portanto, não foi considerar a existência de instituições. Foi, de outro modo, trazer para as análises convencionais o **elemento institucional**, construindo uma teoria institucional do desenvolvimento. Na verdade, North quebraria a rigidez da análise neoclássica, que trabalhava com a noção de indivíduos a-históricos e maximizadores, tendo inserido o elemento institucional. Sua noção de *instituição*, no entanto, entendida como conjunto de normas que moldam a ação desses agentes maximizadores, que seria tanto mais eficiente quanto mais reduzisse custos de transação e garantisse direitos de propriedade, acaba não fugindo muito das análises convencionais. A matriz institucional que permitiria

---

[8] *A escola histórica alemã (ou escola historicista alemã) refere-se a um conjunto de abordagens sobre economia que rejeitava o modo de fazer ciência dos neoclássicos. Nesse sentido, rejeitava a adoção de modelos formais, abstratos e matematizáveis, priorizando a análise dos elementos históricos, uma vez que considerava esse método (conhecido como historicismo) a melhor maneira de entender a realidade. Um de seus precursores foi Friedrich List (1789-1846).*

o desenvolvimento seria aquela composta por esses dois elementos (redução dos custos de transação e garantia da propriedade), que são os garantidores de um funcionamento eficiente dos mercados, condição, que, presume North, catalisaria o desenvolvimento econômico (North, 1990; Gala, 2003).

Outra contribuição de grande fôlego, com visão histórica de longo prazo, é encontrada em Acemoglu e Robinson (2012), cuja obra tem o sugestivo título *Por que as nações fracassam*. Nela, os autores argumentam que o desenvolvimento econômico é resultado da qualidade das instituições políticas e econômicas das nações, que seriam de dois tipos: as de tipo **extrativistas**, que permitem que a renda seja concentrada em uma elite, e as de tipo **inclusivas**, que viabilizam a disseminação da riqueza por toda a sociedade. Sobre as instituições políticas, os autores adotam a visão do pluralismo, isto é, a de que instituições políticas devem canalizar as diferentes visões e interesses da sociedade. Se as instituições políticas não cumprirem esse requisito, sendo, portanto, do tipo extrativista, o caminho do desenvolvimento econômico estaria obstaculizado.

Assim, os autores concluem que nações com sistemas políticos extrativistas, que atendem aos interesses de uma elite, não abrem caminho para as forças criadoras da sociedade, para a inovação, e, portanto, para o desenvolvimento (Acemoglu; Robinson, 2012).

Fiori (1999, p. 39) dirige a seguinte crítica à visão de North sobre o desenvolvimento (essa crítica, sugerimos aqui, pode ser estendida a Acemoglu e Robinson): "Como nos tempos de Walter Rostow, o segredo do desenvolvimento volta a estar na capacidade, maior ou menor, dos povos atrasados reproduzirem as crenças e instituições que tiveram sucesso nos países mais avançados".

No entanto, talvez mais importante do que demonstrar a visão estritamente anglo-saxã de desenvolvimento, vale resgatar outra crítica: em seus argumentos institucionalistas raramente aparecem os problemas de assimetria das relações monetárias internacionais e os problemas concretos de financiamento do desenvolvimento enfrentados pelos países da "periferia", tal como será enfatizado pelos estruturalistas latino-americanos.

Por fim, vale trazer à cena o contexto do surgimento do neoinstitucionalismo nas análises econômicas. Esse tipo de análise buscou retomar a importância das instituições políticas para o adequado funcionamento das instituições do mercado em um momento de plena hegemonia do receituário liberal (ou o tão chamado *neoliberalismo*).

Nos anos 1990, com o colapso da União Soviética e com os países latino-americanos em prolongadas crises resultantes do esgotamento de seus modelos de desenvolvimento com financiamento externo, ganhava força no debate político e econômico a visão, posta de modo genérico, de que apenas as economias coordenadas exclusivamente pelo mercado e, portanto, livres de intervenções estatais, poderiam prosperar e produzir bem-estar. Essa visão produziu um receituário de política econômica "sugerido" a um conjunto de países, o que ficou conhecido como *Consenso de Washington*.

Curiosidade

O que foi o Consenso de Washington?

Batista (1994, p. 5) relata a ocasião que deu origem ao termo:

Em novembro de 1989, reuniram-se na capital dos Estados Unidos funcionários do governo norte-americano e dos organismos financeiros internacionais ali sediados – FMI, Banco Mundial e BID – especializados em assuntos latino-americanos. O objetivo do encontro, convocado pelo Institute for International Economics, sob o título "Latin American Adjustment: How Much Has Happened?", era proceder a

> uma avaliação das reformas econômicas empreendidas nos países da região. Para relatar a experiência de seus países também estiveram presentes diversos economistas latino-americanos. Às conclusões dessa reunião é que se daria, subseqüentemente, a denominação informal de "Consenso de Washington".
>
> As medidas sugeridas como solução para as crises dos países latino-americanos abarcavam 10 áreas que deveriam passar por reformas. São elas:
>
> 1. Disciplina fiscal
> 2. Prioridades nas despesas públicas
> 3. Reforma tributária
> 4. Taxas de juros
> 5. Política cambial
> 6. Abertura comercial
> 7. Abertura financeira
> 8. Privatização de empresas estatais
> 9. Desregulação econômica
> 10. Propriedade intelectual
>
> O termo *Consenso de Washington* passou a ser usado, portanto, para referir-se ao período de adesão (em maior ou menor grau) ao neoliberalismo por parte dos países latino-americanos, tendo recebido diversas críticas de economistas e intelectuais latino-americanos mais alinhados a ideias nacionalistas e/ou desenvolvimentistas. Para mais informações, consulte Batista (1994) e Fiori (1995).

As tentativas de implementação do Consenso de Washington requeria um conjunto de reformas nos países que o adotassem, o que foi revelando ao longo do percurso uma série de dificuldades (políticas e administrativas) que trouxeram à tona a importância das próprias instituições do Estado para a implementação e consolidação das denominadas *reformas orientadas para o mercado*. E aqui aparece o fenômeno a que Miles Kahler (citado por Haggard e Kaufman, 1993) chamou de *paradoxo ortodoxo*: eram necessárias instituições estatais sólidas e efetivas e uma forte direção política – portanto, era necessário Estado – para implementar reformas que reduzissem o papel estatal na coordenação do sistema econômico, promovendo ajustes estruturais (Haggard; Kaufman, 1993). Esse paradoxo também foi apontado por Peter Evans ao falar em Estado como problema e solução (Evans, 1992).

É com esse contexto em mente que podemos compreender melhor as contribuições do novo institucionalismo, que resgatam a importância das instituições sob uma perspectiva marcadamente liberal. Com base nisso, entende-se melhor a crítica que a ela se dirige, qual seja, a de que essa abordagem, apesar de reconhecer a indispensabilidade da combinação entre Estado e mercado – que são, afinal, as duas instituições indispensáveis à existência do capitalismo –, coloca como ideal para todos os países um modelo liberal de Estado como garantidor da propriedade e dos contratos, caminho que levaria ao desenvolvimento econômico.

5.1.4 Novo-desenvolvimentismo

Com a crise dos ciclos desenvolvimentistas na América Latina, o debate sobre desenvolvimento acabou relegado a segundo plano. Os anos 1980 foram marcados por crises, em geral, desencadeadas pela dívida externa, que se traduziram em crises nos mecanismos de intervenção pública, ou "crise do Estado", e o controle da inflação foi alçado à preocupação primeira das discussões econômicas. Os debates que se travaram nos anos 1980 e 1990 foram assinalados pela forte hegemonia dos paradigmas liberais de Estado e economia.

Os anos do neoliberalismo, marcados pela influência do Consenso de Washington, em contexto mencionado anteriormente, produziram reformas significativas na forma de coordenação da economia e no tipo de inserção dos países latino-americanos no cenário internacional. Esses países, que ficaram excluídos dos fluxos de capitais internacionais nos tempos da crise da dívida externa, voltaram a ser receptáculos dos fluxos das finanças mundiais, sendo agora chamados de *países de mercados emergentes*. A integração destes no circuito financeiro, algo que foi apresentado no auge do neoliberalismo como medida indispensável à retomada do desenvolvimento, não produziu os resultados esperados, o que nos ajuda a explicar o ciclo político, no início dos anos 2000, de **retorno dos governos de esquerda** na maior parte desses países e pela volta dos debates sobre desenvolvimento econômico.

No caso brasileiro, houve algumas experiências de política econômica que buscaram resgatar o papel do Estado na coordenação de investimentos por meio do uso dos bancos públicos e de um conjunto de medidas de inspiração desenvolvimentista e keynesiana.[9] Do ponto de vista das teorias, ressurgiu, como herdeira do estruturalismo latino-americano e da macroeconomia keynesiana, o denominado *novo-desenvolvimentismo*.

---

9 *As experiências dos governos do Partido dos Trabalhadores (PT) renderam um infindável debate que ainda está se desenvolvendo. Esse período foi marcado pelo retorno do pensamento keynesiano-desenvolvimentista como linha orientadora da ação do Estado (Calabrez, 2018). Bastos (2012) chamou essa experiência de* desenvolvimentismo distributivo do setor público. *Para uma análise do período, cf. também Carvalho (2018).*

O novo-desenvolvimentismo nasceu como uma crítica ao modelo e à estratégia liberais adotados nos anos 1990 no Brasil, quando se abandonava a ideia de desenvolvimento. Recolocando a macroeconomia no centro da discussão, o novo-desenvolvimentismo partiria do diagnóstico central de que o mercado sozinho não seria capaz de ajustar de maneira adequada os cinco preços macroeconômicos básicos. O modelo macroeconômico adotado desde 1994 no Brasil, tal como diagnostica a teoria, foi assinalado pela armadilha dos juros altos e câmbio sobreapreciado, o que mantém baixas taxas de crescimento econômico. Na raiz desse problema está a política de crescimento com poupança externa, isto é, a política de incorrer em déficits em conta-corrente (Bresser-Pereira; Oreiro; Marconi, 2016).

Quando incorre em **déficit em conta-corrente**, o país necessita que esses déficits sejam financiados por capital (ou poupança) externo. A entrada desses recursos externos no país aprecia a moda nacional, o que tem como efeito a redução da competitividade da indústria nacional não apenas no mercado externo, mas também no mercado interno. Por essa razão, as contas externas e a taxa de câmbio estão no centro da teoria macroeconômica do novo-desenvolvimentismo, ou **macroeconomia novo-desenvolvimentista**.

Diante do diagnóstico de que o Brasil sofre uma tendência à sobreapreciação cíclica e crônica da taxa de câmbio, a macroeconomia novo-desenvolvimentista propõe uma política cambial ativa voltada ao estabelecimento da taxa de câmbio em seu nível de equilíbrio industrial, o que devolveria a competitividade às empresas nacionais e o incentivo ao investimento produtivo (Bresser-Pereira; Oreiro; Marconi, 2016).

Podemos dizer que a novidade trazida por essa teoria macroeconômica é a colocação da **taxa de câmbio** como elemento central, não apenas por sua relação com os fluxos de importação–exportação, mas como elemento determinante da relação poupança–investimento. Os déficits em conta-corrente, ao fazer ingressar capitais externos no país (absorção de poupança externa), produzem apreciação cambial e, consequentemente, aumento do consumo imediato (demanda). Essa demanda, no entanto, "vaza" para produtos importados, reduzindo a competitividade da indústria e a taxa de lucro esperada. A entrada da "poupança", portanto, não se traduz em investimento, mas apenas em consumo. Não ocorre nesse processo estímulo ao investimento produtivo privado – e aqui reside o caráter keynesiano da teoria. Como visto no Capítulo 4, o investimento é o elemento-chave, e para ele ocorrer é preciso demanda efetiva. O que o modelo de Keynes não diz, por ser um modelo de economia fechada, é que é preciso acesso a essa demanda, o que não ocorre quando a indústria nacional tem perda de competitividade decorrente de uma taxa de câmbio inadequada (Bresser-Pereira; Oreiro; Marconi, 2016)[10].

O que se tem aqui, portanto, é um retorno da noção de desenvolvimento econômico e a elaboração de uma estratégia que exige um diagnóstico sobre a semiestagnação e uma teoria macroeconômica a orientar essa estratégia. Do ponto de vista teórico, a novidade consiste, em linguagem macroeconômica, na inserção do elemento *câmbio* como fator determinante no acesso à demanda efetiva. Mas, ao inserir essa macroeconomia em uma estratégia política de retomada do desenvolvimento, a questão cambial aparece não apenas como garantidora de demanda sob uma visão de curto prazo, mas também como elemento garantidor de transformações estruturais de longo prazo. Surge, então, a necessidade de uma **economia política**. O novo-desenvolvimentismo reconhece que sua teoria envolve

---

10 *A macroeconomia novo-desenvolvimentista também é keynesiana do ponto de vista fiscal, uma vez que defende uma política fiscal anticíclica.*

interesses entre classes e grupos, exigindo a articulação entre Estado e mercado e uma coalizão produtiva que enfrente os interesses rentistas e recoloque em primeiro plano um projeto nacional de desenvolvimento.

(5.2)
Capitalismo em movimento: Estado e mercado

A economia política tende, como já frisado, a centrar sua atenção sobre o capitalismo como sistema histórico, que apresenta uma determinada dinâmica de expansão e acumulação e, como a história demonstra, não ocorre de maneira dissociada das estruturas políticas e de poder.

As páginas seguintes consistem em uma tentativa de oferecer alguns parâmetros para que um debate sobre Estado e mercado seja realizado. Uma demonstração do capitalismo em movimento nos ajuda a entender melhor como essas categorias se relacionam. Por isso, escolhemos demonstrá-las em "movimento", e não apenas tal como aparecem nas construções teóricas. Como ficou claro, **Estado** e **mercado** não se apresentam na realidade concreta em sua forma "pura". Os exemplos históricos resgatados não nos permitem não dar razão a Gilpin (2002, p. 24) quando afirma: "É a existência paralela e a interação recíproca do Estado e do mercado que cria [sic], no mundo moderno, a 'economia política'; sem o Estado e o mercado essa disciplina não existiria".

Adotado esse ponto de vista, apresentaremos, a seguir, um breve resgate histórico do processo de interação entre essas duas instituições fundamentais do capitalismo.

5.2.1 Estados-nação e estratégias nacionais

O processo de centralização política e administrativa que deu origem ao que conhecemos por *Estado moderno* está ligado ao processo de competição pelo capital circulante, como salientou Weber (1999). O desenvolvimento do capitalismo, portanto, está intrinsecamente ligado ao sistema de Estados.

Desse ponto de vista, um dos pontos centrais da economia política clássica – aquele sobre o papel homogeneizador que o comércio internacional e o desenvolvimento das forças produtivas gerariam sobre o globo – não se verificou, embora tenha, sem dúvida, havido grande aumento da riqueza mundial. O que, no entanto, observou-se desde o século XIX, acelerando-se após a segunda metade do século XX e marcando-o todo dali em diante, foi um acelerado processo de concentração de poder político e de riqueza privada nas mãos de uns poucos estados nacionais (Fiori, 1999). "Em síntese, entre 1830 e 1914, a riqueza mundial cresceu, mas de forma extremamente desigual, ao mesmo tempo em que se expandia o poder político do núcleo europeu do sistema interestatal no qual foram incorporados os Estados Unidos e o Japão." (Fiori, 1999, p. 16)

O que explicaria o erro de previsão dos economistas políticos clássicos, tanto dos liberais quanto do próprio Marx[11]? Fiori (1999, p. 16-17) aventa uma hipótese:

> [...] o mais provável é que na origem deste primeiro grande erro de previsão da economia política clássica esteja a ambiguidade com que sempre tratou das relações entre o poder político territorial dos Estados e do seu

---

11 Para Marx, a tendência do capitalismo era se espalhar pelo globo, tornando os países pré-capitalistas muito semelhantes aos de capitalismo mais avançado. Essa visão será reformulada com Lênin e a teoria do imperialismo (Lênin, 2012).

sistema interestatal, incluindo aí os sistemas monetários nacionais e internacionais e a dinâmica desigual de acumulação e distribuição de riqueza. Um tema clássico dos mercantilistas e que foi abjurado por liberais e marxistas.

O ponto levantado por Fiori (1999) pode ser assim sintetizado: o *poder territorial* e o *sistema interestatal* não foram categorias devidamente ponderadas por toda a vertente liberal clássica, que herda de Adam Smith e David Ricardo a noção de que o comércio internacional (a universalização das trocas) levaria ao máximo desenvolvimento da divisão do trabalho e à especialização de funções, espalhando os incrementos de produtividade entre todas as nações participantes. Para essa visão, em síntese, a intensificação do comércio internacional conduziria à generalização da riqueza entre as nações.

Lembremos que a ação do poder estatal não era fenômeno desconhecido para um autor como Smith. Ao contrário, era em reação às excessivas práticas estatais, tanto internamente (estabelecendo monopólios e regulando a atividade econômica) quanto externamente (erguendo barreiras tarifárias protecionistas), que a doutrina liberal clássica se construiria. Contudo, a fundamentação lógica da teoria liberal ia de encontro a essas práticas e não podia concebê-las como positivas, sob qualquer aspecto.

Talvez isso nos ajude a entender por que o nacionalismo econômico presente nas práticas mercantilistas parecia incompreensível aos teóricos liberais, que lhe dirigiam pesadas críticas. A mais evidente, e sempre levantada pelos próprios liberais em tom de denúncia, diz respeito ao favorecimento de grupos ou classes que uma política protecionista produz, o que rompe com o pressuposto teórico da livre concorrência. A crítica liberal a esse ponto se ramifica em críticas à perda de eficiência produtiva dos setores protegidos, aos prejuízos que isso causaria ao consumidor, além do favorecimento em si, que tornaria a competição desleal[12].

Todas essas críticas, deve-se notar, dirigem-se às consequências da ação estatal, que, ao intervir na atividade econômica, desviaria seu funcionamento da lógica de mercado, que era dada como natural e superior. Seja acertada, seja equivocada essa visão otimista quanto às virtualidades do mercado – deixarei esse julgamento a critério de você, leitor –, nosso ponto aqui é outro. Importa-nos tentar compreender por qual razão os liberais clássicos viam com tanto otimismo a generalização do comércio internacional e seu efeito homogeneizador das riquezas entre as nações, bem como por que acreditavam, de certa forma, que o mercantilismo era um conjunto de práticas que ficariam no passado. Podemos encontrar uma explicação para isso dentro de sua própria teoria e/ou filosofia do social[13].

As identidades políticas nacionais, fortalecidas ao longo do século XIX e XX, não cabem no constructo teórico liberal segundo o qual o vínculo econômico é o elemento fundante da vida em sociedade (Rosanvallon, 2002). Esse é um ponto fundamental que será levantado por Georg Friedrich List (1986) já na primeira metade do século XIX e em torno do qual existirá uma cisão em toda a história da economia política, permeando todo o debate sobre desenvolvimento econômico do século XX.

---

12 *Para observar como esse debate pode desenvolver-se em torno de casos específicos, citemos um exemplo bastante atual no debate nacional: a denominada* política de campeãs nacionais *desenvolvida pelo governo Dilma Rousseff. Embora essa política não trate de protecionismo via proteção tarifária (e sim via créditos subsidiados pelo Estado), toda a controvérsia é orientada pelos mesmos pressupostos gerais já encontrados nos clássicos. Esse debate está fartamente documentado pela imprensa.*

13 *Sobre esse ponto, consulte a Seção 2.2 do Capítulo 2.*

Como afirma Rosanvallon (2002, p. 249), "List compreende a nação do ponto de vista político e não mais somente de um ponto de vista social como Smith (nação = sociedade civil)". Ao fazê-lo, List desloca toda a problemática, colocando no centro da questão o **desenvolvimento econômico como estratégia nacional**. Ao operar essa mudança de foco, foge-se, a uma só vez, de uma visão dicotômica de Estado *versus* mercado como forma superior de organização do capitalismo, e inserem-se as categorias em seu contexto, o que passa pelo ambiente internacional de competição entre Estados e capitais. A partir daqui, não há mais de se falar em desenvolvimento econômico (em abstrato) como forma de ampliação de riqueza e de inovação tecnológica, por exemplo. Trata-se, agora, de estratégias nacionais de desenvolvimento e de criação de riqueza e desenvolvimento de tecnologia dentro de determinadas fronteiras, nas quais aquelas devem ser mantidas. Assim,

ainda no século XIX, a "verdade produtivista" do mercantilismo foi redescoberta pelo "protecionismo" industrializante de Alexander Hamilton, e pelo "nacionalismo econômico" de Friedrich List e Max Weber, todos movidos pelo mesmo objetivo político: o fortalecimento dos seus Estados e capitalismos tardios frente ao capitalismo originário e imperial da Inglaterra de Smith, Ricardo e Marx. (Fiori, 1999, p. 51)

Preocupado com o desenvolvimento do capitalismo na Alemanha, List (1986) defendeu medidas protecionistas como indispensáveis à industrialização e à acumulação de riqueza em um contexto de competição internacional que tinha a Inglaterra como país mais avançado e, portanto, com posição favorável nessa competição. A liberalização total do comércio externo, na visão de List, seria favorável apenas à Inglaterra. Nesse sentido, a defesa de práticas liberais no comércio internacional por parte do Estado nacional que detém uma vantagem nessa relação (seja a posse do capital, seja a de vantagens competitivas) aparece quase como um blefe ou, na feliz expressão de Chang (2004), um ato de "chutar a escada" do novo competidor. A analogia, a propósito, vem do próprio List (1986). "Quando se alcança o cume da grandeza, uma regra vulgar de prudência ordena que se rejeite a escada usada para tanto, a fim de não deixar aos outros os meios de subir" (List, citado por Rosanvallon, 2002, p. 254).

Assim, sob a perspectiva histórica, a Inglaterra não foi a primeira potência a pôr em prática medidas protecionistas ao mesmo tempo em que, no plano das ideias, defendia um liberalismo comercial.

Deyon (1973), analisando as políticas da Holanda no período em que ela exercia hegemonia no comércio internacional e um sistema mercantil mais avançado que a Inglaterra, revela que a estratégia holandesa não se enquadrava muito nas práticas mercantilistas a ela contemporâneas. Nem um protecionismo exacerbado nem estratégia de acúmulo de metais faziam parte de suas políticas econômicas. Sobre esse último aspecto, afirma Deyon (1973, p. 36): "Nunca a Holanda, ao tempo do seu apogeu comercial hesitou em exportar numerário. Cunhava mesmo moedas de negócio para manter seus tráficos, moedas de grande reputação, que tinham curso nos países estrangeiros [...]".

Essa estratégia externa, entretanto, não significa que os capitalistas holandeses eram refratários a todos os princípios do mercantilismo, prossegue Deyon (1973). A Holanda respondeu às altas tarifas inglesas e francesas com medidas aduaneiras igualmente rigorosas e, do ponto de vista da produção interna, as manufaturas estavam sujeitas a diversos regulamentos e controles. Sobre a estratégia holandesa, marcada por um "mercantilismo evoluído, moderado e incompleto",

Deyon menciona uma obra de Pierre de La Court[14], onde já podem ser encontrados alguns temas da escola liberal. Sobre esse ponto, Deyon (1973, p. 38) faz uma provocação que nos incita à reflexão: "O liberalismo é bastante conveniente às economias dominantes, e suas alegações em favor da liberdade das trocas e da liberdade dos mares não causam muita surpresa".

Procuramos demonstrar aqui que, desde o processo de formação dos Estados nacionais e do desenvolvimento do capitalismo, o poder político e os mecanismos de mercado formam um conjunto indissociável, cuja combinação (mais liberal ou mais intervencionista) dependeu, em grande medida, de estratégias nacionais de desenvolvimento. Trata-se de uma visão "realista", que confronta as predições liberais sobre generalização do comércio como elemento homogeneizador da riqueza entre as nações, inserindo em seu esquema analítico o peso do **poder territorial**.

Como vimos, a simbiose entre Estado e mercado caracterizou não apenas os processos de desenvolvimento dos países como também se manteve do ponto de vista interno. Todo o período do pós-guerra foi marcado pela forte presença do Estado nas relações internas, com a hegemonia do pensamento keynesiano e, no caso europeu, com fortes políticas de bem-estar social. Do ponto de vista externo, manteve-se um arranjo monetário marcado por medidas de regulação dos fluxos de capitais. Esse período de capitalismo regulado, no entanto, começou a ruir ao final dos anos 1970. Veremos, a seguir, uma leitura possível desse processo.

---

14 A obra foi publicada com o sugestivo título *O interesse da Holanda*.

5.2.2 Globalização e competição[15]

Um olhar para o capitalismo contemporâneo como sistema global não nos suscita uma visão muito animadora. Ou, pelo menos, não tão otimista quanto aquela propagada pelos liberais clássicos. Os indicadores revelam uma queda generalizada nas taxas de crescimento dos países a partir dos anos 1980, após certa euforia com o modelo de organização chamado por certas vertentes de *keynesiano-fordista* (Arrighi, 2013; Hirsch, 2010). Observa-se também um declínio do crescimento da renda *per capita* e um aumento da disparidade de renda tanto no interior dos países mais ricos quanto entre os países mais ricos e os mais pobres (*Relatório Anual da Unctad*, 1997, citado por Fiori, 1999). E isso ocorreu justamente após o retorno da hegemonia de premissas de cunho liberal aplicadas especialmente à defesa da mobilidade de movimento de capitais, período para o qual se cunhou o termo *neoliberalismo*[16].

Se seguirmos, portanto, essa perspectiva de capitalismo como sistema histórico e global confrontando-a com os prognósticos dos economistas clássicos, podemos nos apoiar na hipótese de Fiori (1999, p. 14), segundo a qual, talvez "a simples competição intercapitalista em mercados desregulados e globalizados não assegure o

---

15 Globalização e competição *é também o título da obra de Bresser-Pereira (2010a), que, por outro caminho, sustenta o que buscaremos demonstrar neste tópico: a onda liberal da globalização não reduziu a competição entre os Estados nacionais; ao contrário, ela a intensificou.*

16 O Capital no século XXI, *de Piketty (2014), traz longas séries históricas que demonstram que o capitalismo contemporâneo tem produzido alarmantes níveis de desigualdade. Uma das explicações é expressa na elegante expressão $r > g$, que indica que a taxa de rentabilidade do capital tem sido maior do que as taxas de crescimento, o que implica concentração de renda.*

desenvolvimento, nem muito menos a convergência entre as economias nacionais do centro e da periferia do sistema capitalista mundial".

Tudo indica que esse aumento da disparidade de renda entre países e intrapaíses pode ser explicado em parte pela aceleração do **processo de financeirização** ocorrido a partir dos anos 1980, que produziu um aumento da participação do setor financeiro nos PIBs. Eis uma comparação entre os períodos:

Enquanto a era dourada foi marcada por mercados financeiros regulados, estabilidade financeira, elevadas taxas de crescimento econômico e uma redução da desigualdade, o oposto ocorreu nos anos do neoliberalismo: as taxas de crescimento diminuíram, a instabilidade financeira aumentou rapidamente e a desigualdade cresceu, privilegiando principalmente os dois por cento mais ricos de cada sociedade nacional. (Bresser-Pereira, 2010b, p. 54)

Devemos ressaltar que essas transformações não ocorreram de maneira espontânea e não se restringiram a um único aspecto. A uma série de eventos históricos – fracasso da empreitada bélica dos Estados Unidos no Vietnã, primeiro choque do petróleo (1973) e segundo choque do petróleo (1979), para citarmos apenas os mais relevantes – somam-se problemas de ordem mais estrutural. Essa multiplicidade de aspectos envolvidos no processo permitiu com que o período fosse lido por diversas lentes analíticas, tais como a crise do fordismo (Hirsch, 2010; Boyer, 2009 e outros teóricos da Escola da Regulação

Francesa[17]), a crise da hegemonia americana (Arrighi, 2013) ou a "mundialização financeira" (Chesnais, 2005).

Muitas dessas análises, em que pesem suas divergências conceituais e de ênfase explicativa, podem ser lidas como complementares, na medida em que parecem concordar no essencial: o pacto construído no pós-Segunda Guerra Mundial, que viabilizou crescimento econômico com ganhos crescentes de produtividade, ganhos reais de salário, taxas de lucro satisfatórias e estabilidade no sistema monetário internacional, esgotou-se. A queda da taxa de lucro nos Estados Unidos e a virada radical em sua política monetária, com efeitos evidentes sobre outras economias, parece ter sido um elemento central para compreendermos o período, ainda que autores possam divergir quanto ao peso explicativo de determinadas variáveis. Diante disso, cabe uma breve apresentação das principais interpretações disponíveis.

Hirsch (2010) entende a **crise do fordismo** de maneira associada ao **colapso da regulação internacional**, fenômenos que resultam na dissolução do acordo de Bretton Woods e na liberalização dos regimes cambiais e nos fluxos de capitais. Na origem desse processo está uma crise que atingiu o padrão de acumulação nos países de capitalismo avançado e manifestou-se sob diferentes aspectos: trouxe à tona a tendência à queda na taxa de lucros, a inflação e o baixo crescimento (estagflação), colocando em xeque a hegemonia do pensamento keynesiano.

---

17 *A Escola da Regulação Francesa é uma vertente analítica que se desenvolveu na França e bebe explicitamente na tradição marxista de análise da lógica de acumulação do capital. A teoria que defende leva em conta que as condições de acumulação dependem da conjunção de certo número de formas institucionais de cuja interação resulta determinado modo de regulação (Boyer, 2009). Chesnais (2005) também traz abordagem semelhante ao analisar a dinâmica de acumulação com dominância financeira.*

No esquema teórico de Hirsch (2010), problemas no padrão da acumulação e de regulação são analisados de maneira integrada à economia internacional. Dessa maneira, não se trata de uma teoria que trabalhe com as categorias *Estado* e *economia* de maneira abstrata, mas sim de maneira a integrá-las em um esquema analítico que leve em conta a história e as relações hierárquicas de poder no sistema internacional.

Os Estados são instrumentos decisivos para a dominação do centro sobre a periferia capitalista porque através deles gera-se e solidifica-se a desigualdade internacional das condições de acumulação e exploração. O fato de o colonialismo estar no berço do moderno sistema de Estados não caracteriza apenas um período histórico ultrapassado, mas permanece como relação estrutural determinante sob múltiplas formas modificadas.
(Hirsch, 2010, p. 75-76)

E ponderar essa dimensão não implica, evidentemente, que se atribua apenas a fatores exógenos a explicação para processos políticos e econômicos internos. Hirsch (2010), na tentativa de enunciar o problema, afirma a necessidade metodológica de que se parta de uma dupla relação de articulação: a conexão do modo de acumulação e regulação, que caracteriza determinado modelo nacional de desenvolvimento, depende de como ele está inserido na **divisão internacional do trabalho**, e ele mesmo é determinado, por sua vez, pela estrutura e desenvolvimento de sua **formação nacional**. Isso quer dizer, simplesmente, que também a posição de um país na hierarquia internacional do trabalho depende fundamentalmente de suas condições internas de luta e conflito.

Em Arrighi (2008) encontramos um esforço em compreender o período de Longa Retração (1973-1993), que se sucedeu ao *boom* econômico do pós-guerra. Para tanto, o autor também enfatiza a sucessão de acontecimentos que envolveram o epicentro da política econômica internacional: os Estados Unidos. Elegendo Robert Brenner[18] como interlocutor privilegiado, Arrighi (2008) procura compreender o período de retração e queda da lucratividade do capitalismo americano sob uma perspectiva de longa duração e da busca pela hegemonia no sistema internacional. Assim, concorda com Brenner com a tese de que o longo *boom* das décadas de 1950 e 1960 e a crise de lucratividade que a ele se sucede estão enraizados no desenvolvimento desigual, que é concebido como o processo pelo qual os países retardatários do desenvolvimento capitalista alcançam os países líderes (Arrighi, 2008).

Os países em questão são Alemanha e Japão, países de capitalismo tardio que lograram sustentar um processo de industrialização acelerada fortemente capitaneado por seus Estados, por meio, entre outras medidas, da centralização do crédito e do sistema bancário. O fato é que, ao longo da década de 1960 e início de 1970, esses países haviam alcançado o então líder Estados Unidos em uma série de setores industriais de bens de consumo, a fim de invadir mercados até então dominados pelos americanos, em um claro aquecimento da competição. A tese de Brenner é que, nesse processo de **acirramento competitivo** entre os capitalistas reside a explicação para a queda da lucratividade. Ao apresentar essa tese, afirma Arrighi (2008, p. 113):

> *Essa irrupção de mercadorias de baixo preço nos mercados norte-americano e mundial solapou a capacidade dos fabricantes norte-americanos de* "assegurar a taxa de lucro estabelecida em seus investimentos de capital e

---

18 Robert Brenner é um historiador americano que utilizou uma abordagem histórica e marxista para produzir uma interpretação sobre o capitalismo internacional e seus ciclos. Para mais informações sobre as ideias do autor, cf. Brenner (1998). Por tratar da mesma temática, Arrighi (2008) o elege como interlocutor.

trabalho", provocando, entre 1965 e 1973, um declínio de mais de 40% da taxa de retorno do capital social.

Nesse contexto, uma série de medidas foram tomadas para reverter o processo, das quais a mais importante foi, sem dúvida, a desvalorização maciça do dólar em relação ao marco e ao iene, que, apoiada pelo governo norte-americano, ajudou a distribuir a queda da lucratividade entre as três potências capitalistas. Desse modo, de acordo com Arrighi (2008), a principal contribuição de Brenner sobre a longa retração foi demonstrar a centralidade do papel dos governos, que agiram não apenas como reguladores do capitalismo, mas, sobretudo, como participantes ativos da luta competitiva entre os capitalistas.

Apesar de concordar no fundamental, alguns pontos de divergência em relação a Brenner são desenvolvidos por Arrighi (2008). O primeiro deles é quanto à explicação fundamental sobre a queda da taxa de lucratividade. Apesar de concordar com Brenner sobre o fenômeno da queda da taxa de lucro e sobre o papel da competição acirrada dos capitalistas americanos com os alemães e japoneses, Arrighi atribui peso maior a duas outras variáveis explicativas: a primeira diz respeito ao **conflito entre capital e trabalho**, algo que seria insuficientemente enfatizado por Brenner. Nesse sentido, Brenner aponta a competição intercapitalista como a variável explicativa chave para a queda da taxa de lucro, o que não levaria em consideração o papel da organização e da luta da classe trabalhadora em busca de melhores condições e salários, que ocorreu predominantemente via partidos trabalhistas na Europa e movimentos grevistas nos Estados Unidos. Vale lembrar que o período de *boom* que precede a retração foi marcado por um pacto que garantiu ganhos de produtividade e, ao mesmo, tempo ganhos reais de salário. Em suma, o conflito de classes e seus desdobramentos seriam, na visão de Arrighi, negligenciados por Brenner.

Outro ponto que seria negligenciado por Brenner é, no fundo, aquilo que para Arrighi (2008) é central: **o papel da economia internacional** e suas relações assimétricas de poder. Apesar de Brenner anunciar que tratará não das economias nacionais de maneira desconectada, mas sim da "economia internacional [...] como ponto teórico privilegiado a partir do qual é possível analisar suas crises e as crises dos componentes nacionais" (Brenner, citado por Arrighi, 2008, p. 141), não é esse o procedimento efetivamente levado a cabo por sua pesquisa, afirma Arrighi. Isso é dito porque Brenner trata quase exclusivamente das três principais potências (Estados Unidos, Alemanha e Japão), fazendo apenas referências ocasionais a outros países da Europa Ocidental e da Ásia. E é em cima dessa crítica que Arrighi (2008) avança em sua tese central. Concordando com Brenner a respeito da tese de que os governos assumem papel central na luta competitiva entre os diferentes capitalismos nacionais, sobretudo por meio das medidas de desvalorização cambial, Arrighi (2008) interpreta as medidas tomadas pelo governo americano (o vaivém de suas desvalorizações cambiais, acordos comerciais e a virada monetarista) não apenas como uma tentativa de produzir ganhos de competitividade para seus capitalistas internos, mas, fundamentalmente, como uma tentativa de, a todo custo, manter a posição hegemônica dos Estados Unidos no sistema internacional e, em específico, manter o domínio sobre o chamado *terceiro mundo*.

Vale notar que esse momento de turbulência global desencadeada pelos bruscos movimentos americanos da política fiscal e monetária são lidos por Arrighi na chave da perda de hegemonia, isto é, tanto as políticas expansionistas da década de 1970 quanto a virada monetarista de Ronald Reagan são medidas que visavam garantir não apenas a lucratividade das empresas americanas, mas, sobretudo, a hegemonia dos Estados Unidos, e isso independente de seus resultados práticos. No entanto, acrescenta Arrighi (2008, p. 118), "ao contrário das soluções keynesianas anteriores, o tratamento monetarista queria restaurar a lucratividade ministrando o remédio amargo da crise". Assim, entre idas e vindas das políticas monetária e fiscal e valorizações e desvalorizações cambiais, a conclusão de Arrighi (2008) é a de que a política monetária e a reconfiguração do sistema monetário internacional foram medidas políticas, capitaneadas pelo Estado que detém a (ameaçada) hegemonia no sistema internacional e age em benefício dos seus capitalistas nacionais na luta competitiva com capitalistas de outros países[19].

Notemos que todas essas análises reconhecem a **simbiose entre Estado e esfera privada** na direção de estratégias nacionais. Em parte das análises, no entanto, dá-se um peso maior à lógica da acumulação capitalista, como em Hirsch (2010) e Chesnais (2005). Nesses casos, mesmo que o elemento nacional tenha peso na análise, poderíamos dizer que a herança marxista dá mais ênfase ao elemento classe do que ao elemento territorial ou nacional. Por sua vez, Arrighi (2013), embora utilize-se fartamente de uma chave marxista de análise, dá mais peso em sua explicação final à lógica do sistema internacional como composto, inevitavelmente, por uma potência hegemônica. Mas isso não o afasta de uma visão marxista de Estado. Ele apenas enquadra essa visão a uma abordagem que analisa um Estado não de forma apartada, mas inserido em um sistema de Estados em competição[20].

---

19 *Sobre a estratégia de manutenção da hegemonia americana no sistema internacional, cf. também Tavares (1997).*

20 *Com base nessa visão, Arrighi (2013) argumenta que o próprio processo de financeirização, abordado aqui no Capítulo 3, é decorrente da competição interestatal.*

Ao identificar na ação do Estado uma resposta à queda na taxa de lucro, revela-se o caráter de classe do Estado. Recordemos que, sob a ótica marxista, o Estado capitalista está a serviço do processo de acumulação do capital ou, analogamente, está a serviço da classe burguesa, mesmo em sua competição internacional[21].

(5.3)
Capitalismo, Estado e mercado: afinidades (s)eletivas

O resgate das visões até aqui propostas foi feito com o propósito de demonstrar como, na análise dos processos históricos do capitalismo, as relações entre a ação estatal e a acumulação privada são indissociáveis. A compreensão desse fenômeno nos ajuda a entender como mesmo a era a que muitos chamam de *neoliberal*, marcada pela derrota da hegemonia keynesiana e pela ampla defesa da liberdade do movimento de capitais desregulados, foi uma **construção política**. Ela foi não apenas construída pelos Estados, mas também por eles mantida. "Embora a ideologia neoliberal tenha sido dominante desde aproximadamente 1980, não conseguiu fazer o capitalismo retornar ao capitalismo clássico, ou liberal, do século XIX: o Estado permanece um agente central da economia." (Bresser-Pereira, 2018, p. 2)

Mas, se for assim, o que justificaria o pensamento liberal e sua ampla defesa entre a classe capitalista e empresarial?

Ora, primeiro, como vimos, essa defesa por parte da classe capitalista costuma ser seletiva. E aqui há que se diferenciar, como nos adverte Rosanvallon (2002, p. 246), capitalismo *como sistema teórico* de capitalismo *como resultado de práticas sociais*. No primeiro caso, tal

---

21 Consulte a última seção do Capítulo 3, em específico a nota de rodapé de n. 12.

como o conceberam os economistas clássicos, a atuação do Estado seria indesejável e produziria distorções no sistema econômico. Esse sistema teórico, que serviu de crítica aos poderes monárquicos estabelecidos, tornou-se extremamente funcional aos capitalistas ou à classe burguesa: "A utopia da sociedade de mercado foi apenas o instrumento intelectual que permitiu romper as regulamentações que entravavam constituição de uma classe trabalhadora disponível para os capitalistas" (Rosanvallon, 2002, p. 243).

A afirmação anterior não implica dizer que a teoria econômica clássica não passava de um mero pretexto para defender os interesses da nascente classe burguesa em busca de trabalho barato, até porque, como visto, os fundamentos filosóficos que alçavam a sociedade de mercado como forma superior de organização social estavam dados antes mesmo do advento da Revolução Industrial. Nesse sentido, seguindo a advertência de Rosanvallon para se distinguir *sistema teórico* e *prática social*, estaríamos "salvando" os economistas clássicos da crítica de que seriam meros defensores dos interesses da classe burguesa[22]. A burguesia – ou classe capitalista – tem interesse em valorizar seu capital, como demonstraram Marx e Keynes. Dessa maneira, as alianças que mantêm com o poder político serão guiadas pelo pragmatismo. A ação do Estado, nesse sentido, será muito bem-vinda quando funcional aos interesses de acumulação do capital. No entanto, sempre haverá uma desconfiança quando essa ação aparentar ultrapassar seus limites. Charles Tilly (1984, citado por Arrighi, 2013, p. 32) aponta uma das tensões possíveis: "o capitalismo e os Estados nacionais cresceram juntos, e é de se presumir que tenham

---

22 *De acordo com Bresser-Pereira (2018), a restauração neoclássica não mereceria essa defesa, visto que se trata de uma ideologia que se coloca claramente a serviço dos interesses financeiro-rentistas. Retornaremos a esse ponto no capítulo final.*

dependido um do outro de algum modo, mas os capitalistas e os centros de acumulação de capital, muitas vezes, ofereceram uma resistência deliberada à ampliação do poder do Estado".

Essas questões todas nos dão uma ideia das dificuldades em se trabalhar com modelos teóricos prontos e acabados. Não é possível construir "em laboratório" um modelo de desenvolvimento que possa ser aplicado na íntegra por algum país. Sua aplicação dependerá de negociações políticas, embates entre interesses materiais e entre diferentes ideologias. Isso não significa dizer que linhas de ação não possam ser traçadas com base em teorias econômicas. No entanto, precisamos ter em mente que as próprias teorias econômicas também são construídas com base em certos pontos de vista e acabam, consciente ou inconscientemente, portando determinados interesses existentes na sociedade e/ou confrontando outros. Nesse sentido, é muito melhor quando esses pontos são explicitados pela própria teoria e análise e não ficam ocultos sob o véu da cientificidade.

Eis as dificuldades inerentes às ciências sociais.

Estudo de caso: crise de 2008

Em 2008, ocorreu uma grande crise econômica e financeira, que se originou no núcleo do capitalismo global e se espraiou para todo o sistema. Essa crise pode ser compreendida com base nas mais variadas chaves analíticas que expusemos nos capítulos anteriores, todas as quais, provavelmente, oferecem contribuições à compreensão do fenômeno. A exacerbada financeirização do capitalismo, que nada mais é que a expressão pura da lógica do capital – valorizar-se incessantemente – só foi possível porque a operação do sistema foi mantida desregulada. A própria desregulação, por sua vez, só pode ter sido chancelada pelo próprio Estado, ou por Estados em competição.

Após a eclosão da crise, no entanto, os mais árduos defensores do liberalismo procuraram a ação do Estado, sob o mantra do *too big to fail*[23]. Procure saber quais eram os argumentos em defesa da não regulação do sistema financeiro por parte do Poder Público e quais foram as medidas tomadas pelo governo americano e pelo Banco Central americano (FED) após a eclosão da crise.

A crise de 2008, sem dúvida, configura-se como um dos fenômenos de maior importância do capitalismo contemporâneo, a qual pode suscitar debates, reflexões e a revisão de teorias econômicas e preceitos de política econômica. Consulte também os materiais de referência indicados logo a seguir, em *Para saber mais*.

Para saber mais:

O documentário *Inside Job* e o livro *O minotauro global* expõem a questão da crise de 2008 em detalhes, procurando demonstrar os interesses em jogo e os setores prejudicados e beneficiados por ela.

INSIDE Job. Direção: Charles H. Ferguson. Produção: Jeffrey Lurie e Christina W. Lurie. Edição: Chad Beck e Adam Bolt. EUA: Sony Pictures Classics, 2010. 108 min.

VAROUFAKIS, Y. **O minotauro global**: a verdadeira origem da crise financeira e o futuro da economia global. Tradução de Marcela Werneck. São Paulo: Autonomia Literária, 2016.

---

23 *Vale lembrar que boa parte da economia (economics) oferecia justificação supostamente científica para a liberalização dos movimentos de capitais e para a criação dos inúmeros "produtos financeiros" que, após permitir ganhos obscenos aos financistas de Wall Street, desencadearam a crise do sub-prime. Cf. Bresser-Pereira (2018) e Varoufakis (2016).*

Síntese

Neste capítulo, analisamos as principais contribuições para uma teoria do desenvolvimento econômico do século XX, com especial atenção à vertente latino-americana. Também apresentamos as contribuições dos chamados *novos institucionalistas*. Em seguida, destacamos como as categorias *Estado* e *mercado* são centrais ao funcionamento do sistema capitalista e como elas se interconectam de diferentes maneiras, a depender das estratégias nacionais traçadas pelos países na luta e na competição econômica que marcam o sistema internacional de Estados. Por fim, evidenciamos como as teorias econômicas podem ser mobilizadas em favor de interesses econômicos e de classe.

Questões para revisão

1. Na visão de A. Gerschenkron, qual foi a importante estratégia utilizada pelos países de industrialização tardia?
   a) Garantia do livre mercado.
   b) Criação de mecanismos institucionais de financiamento envolvendo o Estado.
   c) Organização da classe trabalhadora como forma de combate à concentração de renda.
   d) Inovação e empreendedorismo livres da regulamentação pública.
   e) Importação de equipamentos e de tecnologia dos países mais desenvolvidos.

2. Celso Furtado criou o conceito de *subdesenvolvimento* ao analisar a estrutura econômica dos países latino-americanos. No que consistia, resumidamente, a noção de subdesenvolvimento?
   a) Os países latino-americanos eram atrasados em relação ao centro do sistema e precisaram passar por essa etapa até chegar ao estágio desenvolvido.
   b) Era fruto de estruturas políticas que não permitiam a inovação e a liberdade de mercado.
   c) Faltava desenvolvimento tecnológico e mão de obra para incentivar os necessários investimentos externos.
   d) Era fruto do atraso cultural dos países, uma vez que faltava mão de obra para fomentar o já desenvolvido mercado interno.
   e) Era um subproduto do modo como esses países se conectaram aos países de capitalismo desenvolvido.

3. Em que consistiram os chamados *anos dourados do capitalismo*?
   a) Corresponderam ao período de auge do liberalismo econômico.
   b) Foram os anos em que os Estados Unidos se enfraqueceram no sistema internacional e em que os países asiáticos e latino-americanos puderam ascender economicamente.
   c) Foram marcados pela hegemonia das ideias revolucionárias irradiadas pela União Soviética.
   d) Foram os anos marcados por estabilidade econômica, por crescimento e pelo aumento de salários dos trabalhadores.
   e) Referem-se ao período da Revolução Industrial, durante o qual o desenvolvimentismo fez crescer ideias econômicas estruturalistas.

Felipe Calabrez

4. Qual é a relação que podemos estabelecer entre a crise de 2008 e as mudanças ocorridas nos fins dos anos 1970 na forma de coordenação do capitalismo internacional?

5. Por que é difícil diminuir drasticamente o papel do Estado na economia, mesmo sob a hegemonia do pensamento liberal?

Questão para reflexão

1. Contraste os diagnósticos da teoria latino-americana sobre o desenvolvimento econômico com os pressupostos do liberalismo econômico. Qual é a diferença entre ambos no que diz respeito ao papel do Estado e do livre-comércio?

Capítulo 6
Política e economia:
elementos para um
debate

Conteúdos do capítulo:

- Discussão sobre o lugar dos valores no fazer científico.
- Crítica ao modo como a economia política clássica (liberal) concebeu a sociedade de mercado.
- Reflexão sobre o papel da política e da técnica diante das tensões entre mercados e democracia.

Após o estudo deste capítulo, você será capaz de:

1. compreender que não se faz ciência social de maneira isenta de valores;
2. entender que não ser isento não impossibilita análises de economia política;
3. assimilar que as maneiras de entender o que é mercado e o que é economia produzem determinadas visões sobre o papel da política e da democracia.

> *Em nenhum domínio dos fenômenos culturais pode a redução unicamente a causas econômicas ser exaustiva, mesmo no caso específico dos fenômenos "econômicos".*
> (Weber, 1979, p. 86)

Neste capítulo, esboçaremos alguns caminhos possíveis para um debate sobre as inter-relações entre economia a política. No Capítulo 1, apresentamos uma síntese de como a Economia Política surgiu como área específica do conhecimento. Aquilo que poderíamos chamar de *atividades econômicas*, ou, nos termos marxistas, de *atividades de reprodução da vida material*, não surgiu, obviamente, com o nascimento da economia política. Nem especulações e teorizações sobre essas atividades. A especificidade da economia política foi, portanto, eleger esse aspecto do mundo social e buscar explicá-lo com base nele mesmo, com ferramentas conceituais próprias. Em suma, é transformar um aspecto do mundo social em objeto do conhecimento científico.

Nas próximas seções, retomaremos o modo como a economia política clássica apreendeu a realidade que se construía e quais são as consequências que podemos extrair disso para pensar a política e a democracia.

(6.1)
O LUGAR DOS VALORES NA CIÊNCIA

A contribuição dos mercantilistas é, em geral, considerada como predecessora do surgimento da economia política propriamente dita, que seria inaugurada pelos fisiocratas e economistas clássicos. Esse modo de ver as coisas é muito comum entre os próprios clássicos e seus herdeiros, que, não é de estranhar, buscavam afirmar-se como os verdadeiros inventores da economia política. Podemos entender que, para além dessa razão autointeressada, havia um sentido nessa afirmação.

Como vimos, os mercantilistas ocuparam-se muito mais de medidas práticas e de lutas por poder e enriquecimento e, quando teorizaram sobre aspectos da atividade econômica, como papel da moeda ou balança comercial, não isolaram em suas análises o que seriam os elementos propriamente econômicos, capazes de ser explicados com base em si próprios, dos elementos externos, como o poder, a política e a guerra.

Tratava-se, então, por parte dos fisiocratas e economistas clássicos, de seguir os procedimentos que legitimavam determinado corpo de saberes e conhecimentos como científicos. Hoje, como se sabe, esses procedimentos elementares que constituíram o modo de fazer ciência produziram muitos avanços. O isolamento dos fenômenos para análise, a observação de regularidades e a possibilidade de enunciação de leis e produção de explicações mais ou menos generalizáveis são tópicos iniciais dos manuais sobre o fazer científico. O que ocorre, no entanto, é que tais procedimentos, ainda que válidos, precisam ser aplicados com muita vigilância e cuidado quando se trata do mundo social ou daquilo a que Weber (1979) chamou de *ciências da cultura*. Isso não significa que não haja, seguindo a visão de Weber, possibilidade de construção de saber científico para essa área do conhecimento, denominada hoje de *ciências humanas*. Significa, de outro modo, que é **impossível separar esse fazer científico dos valores do cientista ou pesquisador**[1]. O que Weber (1979) quer dizer com isso é que a própria construção do objeto de estudo, a separação entre aquilo que parece ou não relevante, o isolamento do fenômeno, já implica uma escolha imbuída de valores. Às vezes, isso aparece de modo mais explícito, às vezes, menos. Relembremos aqui um exemplo aplicável para deixar isso mais claro: os economistas liberais clássicos, na linha das teorias de Ricardo, eram contra a chamada *Lei dos Pobres* na Inglaterra porque acreditavam que ela impediria o livre desenvolvimento da lógica econômica segundo a qual o trabalho é uma mercadoria como qualquer outra e, portanto, não deve ser artificialmente regulada pelo Estado. Na visão deles, o equilíbrio natural seria prejudicado com medidas que visassem impedir que a miséria absoluta levasse pessoas à morte. Creio que o exemplo é bem claro quanto à existência de valores a orientar posições, mesmo quando elas são resguardadas em postulados científicos.

Esboçada essa questão, veremos, a seguir, como o modo com que a economia política clássica apreendeu a realidade, concebendo a sociedade como mercado, pode estar na origem dos conflitos que vemos hoje entre *política* e *economia*.

---

1 *A esse respeito, Weber (1979, p. 87) afirma, no ensaio "A objetividade do conhecimento nas ciências sociais": "Não existe qualquer análise científica puramente 'objetiva' da vida cultural ou [...] dos fenômenos sociais, que seja independente de determinadas perspectivas especiais e parciais, graças às quais estas manifestações possam ser, explícita ou implicitamente, consciente ou inconscientemente, selecionadas, analisadas e organizadas na exposição, enquanto objeto de pesquisa".*

(6.2)
UMA CRÍTICA À VISÃO CLÁSSICA DA SOCIEDADE COMO MERCADO[2]

Para Polanyi (2012), as profundas transformações históricas que passaram a estruturar os diversos ramos da vida humana em sistemas de mercados foram captadas pela economia política, que, ao observar o fenômeno, tendeu a explicá-lo de maneira universalista, criando uma definição de *homo economicus* atemporal, cuja motivação seria unicamente econômica. Ao tomar a parte pelo todo, reduziu o âmbito econômico especificamente ao fenômeno do mercado. Assim, por meio do processo histórico, "A identificação da economia com o mercado foi colocada em prática", isto é, o mercado, esta criação institucional, passou a organizar as mais diferentes esferas da vida humana, produzindo uma 'sociedade de mercado'" (Polanyi, 2012, p. 52).

Polanyi (2012), em sua análise do processo histórico, conjuga as transformações no modo de organização da vida material e da sociedade com as ideias e explicações que se tem delas. Assim, a existência e o papel dos fisiocratas, e, posteriormente, dos economistas liberais, não eram um mero reflexo de transformações materiais, tendo tido também influência sobre tais transformações, visto que a teoria se desenvolvia em um momento de ascensão do capitalismo moderno e de uma burguesia que lutava contra o poder da aristocracia e as práticas mercantilistas, e sobre essa realidade buscou exercer (e exerceu) influência.

No caso dos economistas liberais, haveria um erro teórico, ao que Polanyi (2012) chamou de *falácia economicista* (como vimos no Capítulo 4), que consiste em reduzir o âmbito econômico

---

2   Parte dos argumentos aqui presentes foram desenvolvidos em *Calabrez (2018)*.

especificamente ao fenômeno do mercado, uma instituição relativamente moderna que tem uma estrutura específica e que não se estabelece natural e automaticamente nas sociedades, nem é de fácil manutenção.

> *Por essa linha de argumentação, fica claro que a importância da visão economicista residiu precisamente em sua capacidade de gerar uma unidade de motivações e valorações que criariam na prática o que ela preconcebia como um ideal, a saber, a identidade entre mercado e sociedade. Só quando um estilo de vida passa a cobrir todos os aspectos relevantes, incluindo-se imagens sobre o homem e a natureza da sociedade – com uma filosofia da vida cotidiana que contém critérios de conduta sensata, riscos razoáveis e uma moral viável –, passamos a ter esse compêndio de doutrinas teóricas e práticas que consegue produzir uma sociedade, ou, o que dá no mesmo, transformar uma sociedade durante o tempo de vida de uma ou duas gerações. Essa transformação foi alcançada, para o bem ou para o mal, pelos pioneiros do economicismo.* (Polanyi, 2012, p. 52)

A crítica de Polanyi é, no fundo, feita ao caráter de mercantilização generalizada que o capitalismo produz, ao converter a terra e o trabalho humanos em mercadoria. Na visão do autor, não há nada mais antinatural do que essa conversão do trabalho em mercadoria.

Os liberais clássicos apresentavam-na como natural, entretanto, visão da qual derivavam o lugar da política. A política deve salvaguardar essa ordem natural. É verdade que, para os liberais clássicos, essa derivação não chegava ao ponto de adquirir o caráter impositivo que assumia nos fisiocratas, mas, de todo modo, havia ali um elemento normativo. E aqui surgem algumas contradições, gerando o que Polanyi (2000) denominou *duplo movimento*, como visto no Capítulo 4 deste livro. A mercantilização artificial da terra, do trabalho e do dinheiro produz um movimento contrário, que é a defesa e autopreservação da sociedade. Nota-se que essa afirmação diverge daquela segundo a qual as relações mercantis seriam o verdadeiro "cimento" da sociedade, como afirmava Smith.

Essa tensão permanente entre dois princípios de organização social leva, no limite, àquilo que Streeck (2012) chamou de *atrito entre capitalismo e democracia*. Por essa visão, a existência de um capitalismo democrático seria, portanto, um arranjo de coisas que não são naturalmente harmônicas entre si. Vejamos:

> *Para os presentes fins, vou caracterizar o capitalismo democrático como uma economia pautada por dois princípios ou regimes conflitantes de alocação de recursos: o primeiro opera de acordo com a produtividade marginal, ou com aquilo que é exposto como uma vantagem por um "livre jogo das forças de mercado", e o outro se baseia em necessidades ou direitos sociais, tal como estabelecidos por escolhas coletivas em contextos democráticos. Sob o capitalismo democrático, os governos são teoricamente instados a cumprir ambos os princípios simultaneamente [...].*
> (Streeck, 2012, p. 37)

Para essa visão, o período do pós-guerra, que foi marcado por ganhos crescentes de produtividade, aumento nos salários e consolidação da democracia europeia, seria, na verdade, um período de exceção. A visão de Streeck (2012) sobre as possibilidades de o sistema voltar a produzir crescimento com inclusão e ganhos salariais para a classe trabalhadora de maneira concomitante à manutenção e ampliação da democracia é, portanto, pessimista.

Streeck (2012) assim como Polanyi, entende que as "leis da economia" ou a livre força do mercado entrarão em constante colisão com as lógicas de reprodução social, seus laços de solidariedade e de justiça. Mas a visão de Streeck sobre a tensão entre esses elementos é mais pessimista que a de Polanyi, pois, para aquele, o efeito que a falácia economicista produziria sobre a sociedade seria mais limitado. Expliquemos na sequência.

Se, para Polanyi, a falácia economicista consistia em tomar toda a sociedade como mercado e, ao fazê-lo, acabar incutindo na própria realidade essa lógica de mercado à medida que se criam instituições que produzirão essa lógica, para Streeck, esse efeito "performativo" da teoria não é tão eficiente. As pessoas se recusarão a aceitar que a verdadeira justiça é aquela do mercado, segundo a qual cada um é recompensado na medida de sua contribuição (cf. teoria utilitarista dos fatores de produção no Capítulo 2), e se recusarão a aceitar que certos direitos sociais e políticos seriam irrealizáveis, utópicos, apenas porque ferem a racionalidade econômica mercantil (Streeck, 2012). No limite, o avanço da democracia e a universalização da lógica de mercado seriam inconciliáveis.

(6.3)
O PAPEL DA POLÍTICA E DA CIÊNCIA

Resgatando novamente Max Weber, podemos sustentar a noção de que não cabe à ciência propor fins à ação prática, sobretudo no que diz respeito à política; esta última deve ser guiada por valores e não pelo conhecimento científico[3]. E aqui pode parecer que Weber se contradiz. Na verdade, Weber tinha uma concepção um pouco dúbia sobre o que seria a *economia* como ciência. Sua visão é bastante influenciada por Carl Menger, pai do marginalismo, precursor do caminho seguido pela *economics*. Ao mesmo tempo, Weber fazia uma defesa profundamente nacionalista da política econômica da

---

3 *Para se aprofundar nas influências de Weber, cf. Cohn (2003).*

Alemanha, o que, reparem, é uma decisão política feita em defesa do interesse nacional.

Dessa forma, não é tarefa da ciência econômica (que é diferente da política econômica) propor o que fazer. A ideia é rejeitar a orientação teórica segundo a qual o exame científico/empírico da atividade econômica permitiria deduzir a necessária ou correspondente atividade política. Quanto a isso, vale atentarmos à observação de Cohn (1979, p. 19):

> *Isso não significa, é claro, que a Economia perca a sua autonomia como ciência e como dimensão particular da atividade humana. O que se está defendendo é a autonomia da dimensão política, em parte para exorcizar a ideia de que ela seja determinada pela Economia, sobretudo no sentido mais extremo que Weber atribui a essa ideia, de que o exame das condições da atividade econômica permitiria "deduzir" de alguma forma as condições correspondentes da atividade política. Deve-se distinguir claramente, no entanto, entre a ciência econômica no sentido estrito do termo, como disciplina preocupada com o uso mais adequado de meios específicos para a obtenção de fins também específicos num contexto de escassez, da política propriamente dita, que envolve decisões baseadas em valores fundamentais e inquestionados.*

Como dito anteriormente, para Weber, não se pode deduzir da análise científica receitas para a ação prática, pois o papel da ciência empírica pode ser o de desvendar os meios, jamais os fins: **os fins devem ser decididos politicamente**. Dito de outro modo, a ciência pode colaborar com a questão de "como fazer"; mas "o que fazer" é uma questão eminentemente política – lembrando que aqui *política* significa luta pelo poder e conflito entre interesses e valores inconciliáveis.

Do ponto de vista da política econômica, parece ter ocorrido um fenômeno paradoxal: ao mesmo tempo em que o Estado, ao ter de agir sobre o ambiente econômico, necessitou de um amplo respaldo científico – naturalmente, o desenvolvimento da ciência econômica acompanhou esse processo, criando novos métodos, modelo, técnicas e teorias –, a gestão da economia se politizou.

Nesse sentido, a gestão (política) da economia se complexificou em suas técnicas, tornando-se assunto de difícil compreensão para os "não técnicos", ao mesmo tempo em que se tornou assunto necessário ao debate democrático. Em meio às cada vez mais constantes turbulências econômicas e financeiras que assolaram os países nos fins do século XX, podemos afirmar que a política econômica ganhou lugar de destaque no debate democrático.

6.3.1 Técnica *versus* política?

Levanta-se a questão do título anterior em razão de sua atualidade. Todo o debate político contemporâneo envolve a chamada *economia*. Para isso, economistas e especialistas inundam a tevê e os jornais com declarações sobre os caminhos que podem e devem ser seguidos pelos políticos. As análises deles, ainda que cientificamente embasadas, muitas vezes acabam por apresentar-se "prontamente" como único caminho possível e necessário. Pode ocorrer, então, que outro economista ou especialista apresente uma solução alternativa ou a refutação daquela primeira análise[4]. Eis aqui mais um exemplo prático de como os valores a orientar o pesquisador influenciam suas conclusões. Ter clareza sobre isso ajuda a evitar a crença inabalável na *tecnocracia*[5],

---

4   Vale lembrar as visões opostas entre Keynes e Hayek.
5   Para uma discussão sobre a relação entre tecnocracia, ciência e ideologia, cf. Habermas (2014).

visão segundo a qual um conhecimento técnico-científico, feito "em laboratório", ofereça a única saída ou solução possível, cabendo ao político chancelá-la e ao cidadão entendê-la ou apenas aceitá-la.

Weber não trai a lógica de seu raciocínio quando, ao tratar da relação (conflituosa) entre a **burocracia** e a **política**, afirma que esta deve controlar aquela. Se os burocratas são detentores do saber técnico e do segredo da informação, os políticos profissionais devem estabelecer meios de controle sobre suas ações e, sobretudo, fornecê-los a direção política. Não por outro motivo são os políticos que devem portar a ética da responsabilidade.

Chama atenção o fato de tal preocupação já inquietar Weber no início do século XX, antes do brutal aumento das funções que se colocam para o Estado ao longo do século e, sobretudo, antes do advento da macroeconomia keynesiana, quando os Estados passam a exercer papel mais ativo na economia, elaborando e implementando políticas de cunho fiscal e monetário. Todo esse aumento do protagonismo estatal, tanto na política econômica quanto nas políticas sociais, que lhe cobram o provimento de bens e serviços, só pode ser realizado por meio de seus órgãos e aparelhos, o que exige um corpo de burocratas formuladores de políticas e, consequentemente, um corpo de saber técnico-científico – aquilo que Otávio Ianni chamou de *substrato técnico-científico* – que lhes dê respaldo.

Weber estava preocupado com a ingerência da ciência e da burocracia no domínio da política[6]. Esse ponto é fundamental para pensarmos o **funcionamento das democracias**. Sobre isso, vale também resgatar um autor já tratado anteriormente: Joseph Schumpeter.

---

6 *A preocupação com o poder da burocracia aparece em várias de suas obras, mas, talvez, de maneira mais explícita, no texto "Parlamentarismo e governo numa Alemanha reconstruída" (Weber, 1980).*

De uma maneira ousada, Schumpeter (1961) procura refutar os fundamentos da "filosofia da democracia do século XVIII". O autor não explicita quem são seus interlocutores, mas parece incluir desde a filosofia política moderna, que, preocupada com a liberdade, subdividiu-se basicamente entre liberais e republicanos – incluindo Rousseau e seu constructo da vontade geral – até o utilitarismo de Stuart Mill e sua teoria da democracia. Todas essas abordagens seriam passíveis de questionamento, segundo Schumpeter, por carregar um traço em comum: elas consideram a existência de um bem comum, seja ele considerado romanticamente – embora não o afirme, a crítica aqui parece ser à tradição rousseauniana –, seja ele considerado utilitariamente, como a soma das vontades individuais.

A impossibilidade da existência de um bem comum é, portanto, central à teorização de Schumpeter sobre a democracia. Rejeitada a possibilidade de aceitar a ideia de bem comum por meio da argumentação racional, já que, segundo Schumpeter, o bem comum pode significar coisas muito diversas de acordo com cada pessoa, poderia restar a saída utilitarista, segundo a qual haveria, pelo menos, uma "vontade do povo", entendida como a soma das vontades da maioria (maior felicidade para o maior número), o que também não seria razoável.

Segundo Schumpeter (1961, p. 114), considerar a vontade da maioria como "vontade do povo" ou como uma saída "eticamente superior" exige que se atribuam "à vontade do indivíduo uma independência e uma qualidade racional que são absolutamente irrealistas".

Felipe Calabrez

Para Schumpeter (1961), não há nos eleitores algo como uma vontade ou preferência. Não há nem autonomia nem racionalidade nas escolhas e no comportamento dos indivíduos-eleitores[7].

O que interessa aqui é frisar que, na abordagem de Schumpeter, grupos podem explorar a "irracionalidade coletiva". Sua conclusão é que, "sendo a natureza humana na política aquilo que sabemos, tais grupos podem modelar [...] e até mesmo criar a vontade do povo" (Schumpeter, 1961, p. 120). Se encararmos as respectivas consequências disso, podemos dizer que a vontade do povo é artificialmente fabricada e, portanto, é mais o resultado do que a causa do processo político.

A visão da política democrática do autor leva-o a limitar o papel do eleitor ao voto e a limitar o papel do político à competição eleitoral e a decisões que não impliquem nenhum tipo de saber técnico.

A democracia, em Schumpeter, é um método de acordo com o qual as rédeas do governo devem ser entregues àqueles que contam com maior número de votos no processo de competição eleitoral. Trata-se, então, de uma teoria da liderança competitiva, na qual o povo não governa. Nas palavras do autor, a "democracia significa apenas que o povo tem oportunidade de aceitar ou recusar aqueles que governarão" (Schumpeter, 1961, p. 120).

Essa visão minimalista do assunto, que se contrasta claramente com os esforços teóricos de se pensar formas mais inclusivas de

---

[7] A referência a que Schumpeter recorre para sustentar a ideia de irracionalidade e falta de autonomia dos eleitores é Gustav Le Bon e sua "psicologia das multidões". Schumpeter afirma que, "mesmo que não fisicamente reunidos (leitores de jornal, audiência de rádio etc.), os indivíduos podem ser psicologicamente transformados em multidão irracional". A essa irracionalidade Schumpeter acrescenta a falta de autonomia nas escolhas eleitorais, já que os eleitores tendem a seguir a propaganda política e demagógica de maneira irrefletida e automatizada.

democracia – em suas vertentes participativa, deliberativa, comunicativa, por exemplo – estende-se, em Schumpeter, ao papel que os próprios políticos exercem no processo de tomada de decisão. Estes não devem extrapolar seu raio de ação para assuntos que são, na visão do autor, eminentemente técnicos e que, portanto, devem ser tratados por um corpo de "burocratas técnicos" dotados de um saber científico e neutro, de modo que se produzam resultados muito mais eficientes do que se deixados sob a alçada de políticos. Para Schumpeter (1961), o governo deve contar com os serviços de uma bem treinada burocracia, que deve ser forte e guiar e/ou instruir os políticos que dirigem os ministérios. Essa burocracia técnica deve, portanto, ser independente[8].

Fica claro haver em Schumpeter uma primazia da questão técnica sobre a política democrática, já que uma "bem treinada burocracia" deve manter-se insulada do sistema político e, principalmente, dos cidadãos-eleitores, já que estes se comportam de maneira irracional e pouco afeita às questões públicas. Nesse caso, não parece forçoso concluir que Schumpeter se satisfaria com a **despolitização da gestão macroeconômica**, como afirmam Loureiro e Abrucio (2012, p. 622),

> *tanto Keynes quanto Schumpeter acreditavam que os políticos deveriam deixar nas mãos de burocratas ou especialistas as decisões técnicas. Mesmo reconhecendo a necessidade inevitável da presença do Estado para gerir o mercado, esta ação estatal não deveria ser orientada pela lógica democrática, da disputa e negociação de interesses, mas deveria ser feita de forma burocratizada, ou seja, despolitizando a gestão da macroeconomia.*

---

8   Nesse ponto, fica clara a diferença fundamental em relação a Weber, para quem os burocratas devem executar aquilo que foi politicamente decidido, motivo pelo qual a ética da responsabilidade deve recair fundamentalmente sobre os políticos profissionais.

Como visto, as contribuições de Schumpeter não se limitaram a explicações sobre a dinâmica do capitalismo. O autor elaborou uma teoria que, com base em uma visão que se fundamenta na teoria das elites e em uma visão tecnicista sobre a economia, produziu uma visão de democracia minimalista. Os ecos dessa visão se fazem ouvir diariamente no debate público, em que se apresenta uma visão de racionalidade econômica segundo a qual as exigências do processo democrático são forças perturbadoras. O que buscamos aqui foi resgatar as origens dessa visão.

(6.4)
Ciência econômica e democracia hoje: por um retorno à economia política

Abordamos a visão de Schumpeter sobre a relação entre técnica, política e democracia com o intuito de demonstrar que, a depender da visão que se tem do funcionamento da economia e do que seria uma racionalidade econômica, a democracia pode apresentar-se como uma espécie de distúrbio. Os esforços de Schumpeter, ao teorizar sobre democracia, foram feitos para separar aquilo que seria a **economia**, uma esfera que tem sua própria lógica de funcionamento e uma racionalidade própria, da esfera da **política**, que na primeira não deveria intervir. Essa visão, como vimos no Capítulo 4, já estava, de algum modo, dada em sua teoria sobre os ciclos econômicos, sobre os quais o Estado não deveria intervir sob o risco de deturpar o movimento próprio do capitalismo, sua "destruição criadora". Dessa maneira, podemos dizer que, com base nesse aspecto, não há uma grande ruptura entre o Schumpeter de *Teoria do desenvolvimento econômico* (1997) e o Schumpeter de *Capitalismo, socialismo e democracia* (1961).

Embora a visão dele fosse contrária à intervenção pública na dinâmica do sistema capitalista, Schumpeter figura, sem dúvida, entre os autores do campo da chamada *economia política*. Seu modo de abordar o capitalismo, sob uma perspectiva histórica, procurando captar a dinâmica do sistema, as motivações dos agentes e outras tantas questões que gravitam em torno do problema, fazem-no dialogar de maneira ampla com as ciências sociais.

6.4.1 O papel do novo consenso teórico e da racionalidade econômica

Podemos dizer que o coroamento da visão segundo a qual a racionalidade econômica não pode sofrer intervenções da política ocorre dentro da própria ciência econômica – em sua vertente *mainstream* – com a hipótese das expectativas racionais. Esse movimento teórico, ou o "novo consenso teórico", começou a ser gestado nos anos 1970, no final dos anos gloriosos do capitalismo, quando começava a longa retração (Arrighi, 2012), momento que também foi acompanhado por uma virada conservadora na política. A estagflação do período levantou fortes questionamentos à eficácia das políticas keynesianas e fortaleceu a economia neoclássica, de cunho monetarista (Bresser-Pereira, 2018).

O monetarismo como doutrina orientadora da ação dos bancos centrais revelou-se equivocado e, em pouco tempo, a corrente dominante na ciência econômica (*economics*) incorporou a hipótese das expectativas racionais em seus modelos. Essas mudanças na ciência econômica produziram consequências no modo como a ação política é enquadrada em seu esquema teórico. Vejamos:

> *A abordagem das expectativas racionais estabeleceu certo consenso teórico no mainstream em torno da ideia de que as autoridades econômicas,*

> *na escolha das medidas adotadas, têm de levar em conta o impacto das decisões nas expetativas dos agentes. Estes agentes reagem assumindo posições baseadas na avaliação do regime de política econômica e do ambiente econômico esperados, com respostas diferentes conforme a leitura da política vigente e a confiança na continuidade da estratégia adotada.*
>
> (Lopreato, 2006, p. 4)

Pelo paradigma das expectativas racionais, a discricionariedade da política econômica é posta em xeque, pois qualquer movimento operado pelo governo pode interferir negativamente no comportamento dos agentes racionais, causando distúrbios e imprevisibilidade ou incerteza. Esse pressuposto teórico não compartilha da visão positiva que a teoria de Keynes tinha sobre a ação pública, pois, lembremos, para Keynes, o Estado deve, por meio da política fiscal, manejar a demanda agregada em momento de depressão econômica (ver Capítulo 4). Agora, ao contrário, a boa política econômica é aquela que se restringe ao cumprimento das "regras do jogo". A literatura cunhou o termo *regime de política econômica* e apontou para os problemas de inconsistência intertemporal.

Um **regime de política econômica** consiste na observância de regras bem definidas e bem entendidas pelos agentes, às quais os dirigentes políticos devem submeter-se e obedecer em todos os períodos. Em um regime de política econômica, não pode haver rupturas com aquilo que é definido anteriormente, sob pena de interferir negativamente nas expectativas dos agentes.

> *A presença de descontinuidades pode afetar o ambiente esperado, ampliar o risco de turbulências e prejudicar os resultados desejados. Nessa perspectiva teórica, os dirigentes, tentando minimizar o risco, devem manter a consistência intertemporal das ações e comprometer-se hoje com a*

política esperada no futuro, conseguindo assim alcançar a credibilidade e estabelecer a reputação da política econômica. (Lopreato, 2006, p. 6)

Essa passagem é clara em revelar que o lugar da ação política fica restrito. A própria exigência de continuidade desconsidera por completo a existência dos ciclos eleitorais. Não é por acaso que, em períodos de eleições, anuncia-se que há grande nível de incerteza nos mercados[9].

Outro ponto que devemos frisar é que essa visão econômica se fortalece sobremaneira a partir do momento em que ocorre a liberalização dos fluxos financeiros e engendra-se o processo de financeirização. Há, portanto, aquilo que Weber chamava de *afinidade eletiva*, nesse caso, entre a força dessas ideias econômicas e a força do capitalismo em seu aspecto financeiro. Isso nos permite concluir que o **agente racional** a que essa ciência econômica se refere diz respeito, sobretudo, às decisões de alocação das massas de capitais que, sob a hegemonia daquilo que Chesnais (2005) chamou de *padrão de acumulação com dominância financeira,* circula entre os diferentes países.

Reparemos também que a fundamentação oferecida para "atar as mãos" da política não vem de uma teoria da democracia, como em Schumpeter, mas da própria ciência econômica (*economics*). Trata-se da afirmação de uma racionalidade econômica.

Por caminhos opostos chega-se a resultado semelhante: a consequência lógica desse pressuposto compartilhado pelo novo consenso teórico é o de que qualquer mudança ou ruptura da política econômica

---

9 *Exemplo emblemático dessa questão é o contexto das eleições de 2002 no Brasil, quando um partido de origem de esquerda (Partido dos Trabalhadores) despontou como favorito nas pesquisas eleitorais. Naquele momento, produziram-se turbulências e inquietações no mercado financeiro diante da possibilidade de que o futuro governo, tradicionalmente crítico à política econômica então vigente, alterasse as linhas de ação ou, nos termos aqui expostos, o "regime de política econômica".*

acarretaria custos muito altos. Se, em Schumpeter, a democracia deveria limitar-se à escolha dos dirigentes, para o novo consenso teórico sob essa visão, a própria escolha dos dirigentes pode gerar ruídos no funcionamento da economia ao produzir quebra nas expectativas dos agentes. Em outras palavras – e não é forçoso dizê-lo –, para certos economistas adeptos dessa linha, a democracia atrapalha. No limite, é a negação da política democrática.

6.4.2 Reflexões finais

Como entender então as relações entre o capitalismo em sua forma financeirizada, com as crises recorrentes, e o papel dos governos e da política em mitigá-las?

Como delimitar os limites com base nos quais a ação política poderia desvirtuar o funcionamento das leis econômicas ou, de outro modo, corrigi-las em direção à ampliação do bem-estar humano?

Haveria uma tendência implacável dada pela globalização e diante da qual os governos nacionais nada poderiam fazer? Ou essa tendência poderia ser contrabalanceada por arranjos de coordenação supranacionais, tais como aquele sugerido por Keynes no pós-guerra?

Quais são as forças sociais que poderiam ser engajadas nesse tipo de proposta?

Pensar todas essas questões nos coloca de volta à economia política, terreno onde se espera que, você, leitor, já tenha alguma noção inicial sobre onde está pisando. Se a tiver, o objetivo deste livro terá sido alcançado.

Síntese

Neste capítulo final, resgatamos a noção de ciência que embasou o nascimento da economia política. Também apresentamos a crítica ao modo como a economia clássica igualou sociedade e mercado, tomando-nos por idênticos, evidenciando algumas consequências sobre a relação entre política e economia de mercado e suas possíveis tensões. Por fim, analisamos os princípios sobre os quais se apoia a ciência econômica contemporânea e algumas possíveis tensões com a democracia.

Para saber mais

Para o leitor interessado em aprofundar o entendimento sobre como certas ideias econômicas carregam uma visão geral de como deve ser o mundo e sobre como seus defensores disputam influência, tentando impor determinada racionalidade à economia, ao Estado e às próprias condutas dos indivíduos, vale conferir:

DARDOT, P.; LAVAL, C. **A nova razão do mundo**: ensaios sobre a sociedade neoliberal. São Paulo: Boitempo, 2016.

Questões para revisão

1. Com base em Max Weber, é possível afirmar que a ciência econômica não deve determinar as decisões de política econômica. Qual é o raciocínio de Weber para fundamentar tal afirmação?
   a) A política econômica deve basear-se puramente nos cálculos dos técnicos que trabalham na burocracia estatal.
   b) A ciência econômica não teria nada a dizer à política e seria uma ciência superada pelos fatos.

Felipe Calabrez

c) A política econômica não deve orientar-se pelos diagnósticos feitos pelos economistas, uma vez que reproduzem os desejos da classe hegemônica.

d) A ciência econômica é essencialmente burguesa e comprometida com os interesses da classe dominante.

e) A ciência econômica é importante para compreender a situação e a realidade da economia, mas a decisão sobre o que deve ou não ser feito cabe à política.

2. Por que Schumpeter não vê com bons olhos que as decisões sobre política econômica estejam sujeitas ao debate democrático?

   a) Porque tais decisões são de caráter técnico e, portanto, devem ser protegidas das pressões da maioria, que não é especializada no assunto.

   b) Porque ele defendia uma forma de democracia ampliada, na qual todas as decisões políticas passassem pelo debate e pelo crivo da maioria.

   c) Porque as decisões de política econômica cabem unicamente aos políticos eleitos.

   d) Porque ele entendia que o debate poderia acabar favorecendo os grupos mais poderosos.

   e) Porque a administração da economia deveria ser centralizada e planificada pelo Estado e seus técnicos.

3. Por que alguns autores entendem haver um conflito entre democracia e capitalismo?

   a) Porque a democracia produziria inevitavelmente a destruição do capitalismo e a construção de um sistema socialista.

b) Porque a lógica econômica do sistema pode entrar em conflito com as necessidades das populações, pela busca destas pelo bem-estar e pela garantia de seus direitos.

c) Não existe esse conflito, visto que todos os autores entendem que capitalismo e democracia só podem funcionar juntos.

d) Porque a democracia só funcionaria sob um sistema econômico centralizado nas mãos do Estado.

e) Porque, na democracia, a maioria buscaria seus próprios interesses egoístas, o que contradiz a lógica econômica capitalista

4. Em que consiste a falácia economicista de que trata Polanyi?

5. Por que a abordagem econômica baseada na hipótese das expectativas racionais não vê com bons olhos a discricionariedade dos governos em fazer política econômica?

Questão para reflexão

1. Tendo em mente que a democracia se apresenta, em geral, como o melhor caminho para a resolução dos conflitos, reflita sobre as consequências que podem surgir quando determinada teoria econômica é considerada o único caminho possível de ser seguido. Seria possível, do ponto de vista da economia política, sustentar uma verdade inquestionável e um caminho único a ser seguido pela política? Por quê?

Felipe Calabrez

Para concluir...

As conclusões sobre o saldo entre as virtudes e as deficiências das diferentes visões sobre economia política trabalhadas nesta obra serão deixadas aqui ao leitor. Se tiver ficado clara a grande cisão que se produziu nas análises econômicas, mesmo entre as que versam sobre processos de desenvolvimento, o objetivo geral deste livro terá sido cumprido.

Note, leitor, que, mesmo nas contribuições escritas a partir da segunda metade do século XX, e outras já no século XXI, algumas divergências apresentadas já nos quatro primeiros capítulos aqui trabalhados permanecem como pano de fundo nas análises.

De um lado, há a visão que atribui à sociedade, entendida como lugar das características de mercado (como a inovação e a competição), o lado virtuoso dos processos de desenvolvimento. Essa visão vê com desconfiança a excessiva ação do Estado. Se buscarmos desatar os fios dessas análises, eles nos conduzirão aos pressupostos básicos do liberalismo clássico. De outro lado, as análises que se pretendem mais realistas dos processos de desenvolvimento tendem a enfatizar alguns elementos já observados pelos antigos mercantilistas, como a questão da disputa no sistema internacional, o papel das moedas (e da hierarquia entre as moedas), os problemas dos desequilíbrios externos, o papel dos Estados e do poder político.

Também a contribuição do marxismo parece fundamental para extrair algumas noções básicas sobre a lógica de reprodução do capitalismo, que se financeiriza e concentra ganhos em determinados setores – ou classe, se quisermos –, impondo um processo de socialização dos prejuízos, muitas vezes chancelado pelo próprio Estado, que, via de regra, age em favor das classes dominantes. Do ponto de vista de uma discussão sobre ciência, ideologia e valores, o marxismo também pode colocar a questão mais incômoda possível para um cientista social: Se não há neutralidade e separação entre ciência, política e interesses, afinal, de que lado estamos?

Como se pretendeu demonstrar no penúltimo capítulo, o processo histórico do capitalismo, a realidade concreta, enseja um emaranhado de questões cuja compreensão é auxiliada quando utilizado o conhecimento acumulado pelas diferentes escolas de pensamento da economia política. As conclusões a que podemos chegar ao analisar um período histórico ou uma estratégia particular de desenvolvimento, por exemplo, são profundamente influenciadas pela chave de análise que escolhemos seguir. Isso não quer dizer – e isso é fundamental para quem pretende fazer pesquisa acadêmica – que suas conclusões estarão dadas de antemão no momento da escolha. Significa, ao contrário, que as teorias das quais se parte influenciam nosso modo de captar a realidade ao mesmo tempo em que com ela devem ser confrontadas. Não há outro modo de fazer ciência social.

No último capítulo, esse ponto é apresentado com mais cuidado, procurando trazer à tona a importância dos valores envolvidos no próprio processo de criação teórica e análise. Por fim, não poderia ficar de fora de um livro sobre economia política a importância do segundo termo: a *política*, como forma de resolução dos conflitos de qualquer sociedade. A política, como destacamos, sempre apareceu de maneira ambígua nos debates da área de economia política, algumas vezes "desviando" a realidade daquilo que é pensado pela teoria e, em outras, sendo o único instrumento possível para alcançar aquilo que se deseja, como o desenvolvimento econômico e a melhoria do bem-estar humano. Se acrescentarmos à política o elemento *democracia* (como procedimento político e como valor), fica mais claro que as tensões entre esses diferentes termos – *economia* e *política* – são insanáveis, ao mesmo tempo em que sua separação é indesejável. Se a economia é política, certamente o é ainda mais sob um regime democrático.

Felipe Calabrez

Referências

ACEMOGLU, D.; ROBINSON, J. **Por que as nações fracassam**: as origens do poder, prosperidade e da pobreza. Rio de Janeiro: Elsevier, 2012.

ANTUNES, R. **Adeus ao trabalho?** Ensaio sobre as metamorfoses e a centralidade do trabalho. São Paulo: Cortez, 2010.

ARRIGHI, G. A. **Adam Smith em Pequim**: origens e fundamentos do século XXI. São Paulo: Boitempo, 2008.

_____. **O longo século XX**. Rio de Janeiro: Contraponto, 2013.

AVELÃS NUNES, A. J. **Uma introdução à economia política**. São Paulo: Quartier Latin, 2007.

BARRE, R. **Manual de economia política**. Rio de Janeiro: Fundo de Cultura, 1964.

BASTOS, P. P. Z. A economia política do novo-desenvolvimentismo e do social-desenvolvimentismo. **Economia e Sociedade**, Campinas, v. 21, p. 779-810, dez. 2012.

BATISTA, P. N. O Consenso de Washington: a visão neoliberal dos problemas latino-americanos. In: LIMA SOBRINHO, B. et al. **Em defesa do interesse nacional**: desinformação e alienação do patrimônio público. São Paulo: Paz e Terra, 1994. p. 99-144.

BELLUZZO, L. G. **Valor e capitalismo**: um ensaio sobre a economia política. São Paulo: Bienal, 1987.

____. **O tempo de Keynes nos tempos do capitalismo**. São Paulo: Contracorrente, 2016.

BLYTH, M. **Austeridade**: a história de uma ideia perigosa. São Paulo: Autonomia Literária, 2017.

BOYER, R. **Teoria da regulação**: os fundamentos. São Paulo: Estação Liberdade, 2009.

BRENNER, Robert. The economics of global turbulence: a special report on the world economy, 1950-98. **New Left Review**, n. 229, maio-jun. 1998.

BRESSER-PEREIRA, L. C. **Globalização e competição**: por que alguns países emergentes têm sucesso e outros não. São Paulo: Campus/Elsevier, 2010a.

____. A crise financeira global e depois: um novo capitalismo? **Revista Novos Estudos Cebrap**, São Paulo, n. 86, mar. 2010b.

____. Developmental capitalism and the liberal alternative. In: SOCIETY FOR THE ADVANCEMENT OF SOCIO-ECONOMICS, 2013, Milão.

____. **Modelos de estado desenvolvimentista**: texto para discussão n. 412. São Paulo: Fundação Getulio Vargas, fev. 2016.

____. Capitalismo financeiro-rentista. **Estudos Avançados**, São Paulo, v. 32, n. 92, jan./abr. 2018.

____. Do desenvolvimentismo clássico e da macroeconomia pós-keynesiana ao novo-desenvolvimentismo. **Revista de Economia Política**, v. 39, n. 2, p. 211-235, abril-junho/2019. Disponível em: <http://www.rep.org.br/PDF/155-2.PDF>. Acesso em: 31 jul. 2019.

BRESSER-PEREIRA, L. C.; OREIRO, J. L.; MARCONI, N. **Macroeconomia desenvolvimentista**: teoria e política econômica do novo desenvolvimentismo. Rio de Janeiro: Campus, 2016.

CALABREZ, F. **O poder político das ideias econômicas**: continuidade e inflexão macroeconômica nos governos Lula. Tese (Doutorado em Administração Pública e Governo) – Fundação Getúlio Vargas, São Paulo, 2018.

____. **Política Macroeconômica e mercados financeiros**: o jogo de credibilidade e a dívida pública no contexto da eleição do governo Lula (2002-2003). Áskesis, v. 4, n°1, p.175-190, 2015.

CARVALHO, L. **Valsa brasileira**: do *boom* ao caos econômico. São Paulo: Todavia, 2018.

CHANG, H.-J. **Chutando a escada**: a estratégia do desenvolvimento em perspectiva histórica. São Paulo: Ed. da Unesp, 2004.

CHESNAIS, F. (Org.). **A mundialização financeira**: gênese, custos e riscos. São Paulo: Xamã, 1998.

____. **A finança mundializada**: raízes sociais e políticas, configuração, consequências. São Paulo: Boitempo, 2005.

CODATO, A.; PERISSINOTTO, R. O Estado como instituição. In: ____. **O marxismo como ciência social**. Curitiba: Ed. UFPR, 2011. p. 35-61.

COHN, G. Introdução. In: WEBER, M. **Sociologia**. Tradução de Amélia Cohn e Gabriel Cohn. São Paulo: Ática, 1979.

____. **Crítica e resignação**: fundamentos da sociologia de Max Weber. São Paulo: M. Fontes, 2003.

COSTA, A. B da. O desenvolvimento econômico na visão de Joseph Schumpeter. **Caderno IHU Ideias**, ano 4, n. 47, 2006.

DARDOT, P.; LAVAL, C. **A nova razão do mundo:** ensaios sobre a sociedade neoliberal. São Paulo: Boitempo, 2016.

DEYON, P. **O mercantilismo.** São Paulo: Perspectiva, 1973.

DILLARD, D. **A teoria econômica de John Maynard Keynes:** teoria de uma economia monetária. São Paulo: Pioneira, 1986.

ENGELS, F. **A situação da classe trabalhadora na Inglaterra.** Porto: Afrontamento, 1975.

EVANS, P. The State as problem and solution: predation, embedded autonomy and structural change. In: HAGGART, S.; KAUFRNAN, R. (Ed.). **Politics of Economic Adjustment.** Princeton: Princeton University Press, 1992. p. 139-181.

FEIJÓ, R. **História do pensamento econômico:** de Lao Tse a Robert Lucas. São Paulo: Atlas, 2001.

FIORI, J. L. **Em busca do dissenso perdido:** ensaios críticos sobre a festejada crise do Estado. Rio de Janeiro: Insight, 1995.

_____. (Org.). **Estados e moedas no desenvolvimento das nações.** Petrópolis: Vozes, 1999.

FRIEDMAN, M. **Capitalismo e liberdade.** São Paulo: Abril Cultural, 1984.

FURTADO, C. **Teoria e política do desenvolvimento econômico.** São Paulo: Abril Cultural, 1983.

GALA, P. A teoria institucional de Douglas North. **Revista de Economia Política,** v. 23, n. 2, abr./jun. 2003.

GARAGORRY, J. A. S. **Economia e política no processo de financeirização do Brasil (1980-2006).** Tese (Doutorado em Ciências Sociais) – Pontifícia Universidade Católica de São Paulo, São Paulo, 2007.

GENNARI, A. M.; OLIVEIRA, R. de. **História do pensamento econômico.** São Paulo: Saraiva, 2009.

GERSCHENKRON, A. **O atraso econômico em perspectiva histórica e outros ensaios**. Rio de Janeiro: Contraponto/ Centro Internacional Celso Furtado, 2015.

GILPIN, R. **A economia política das relações internacionais**. Brasília: Ed. da UnB, 2002.

GORENDER, J. Apresentação. In: MARX, K. **O capital**: crítica da economia política. São Paulo: Abril Cultural, 1983. p. VII-LXXII.

GORZ, A. **Adeus ao proletariado**: para além do socialismo. Rio de Janeiro: Forense, 1982.

HABERMAS, J. **Técnica e Ciência como "ideologia"**. São Paulo: Editora Unesp, 2014.

HAGGARD, S.; KAUFMAN, R. O estado no início e na consolidação da reforma orientada para o mercado. In: SOLA, L. (Org.). **Estado, mercado e democracia**: política e economia comparadas. Rio de Janeiro: Paz e Terra, 1993. p. 391-421.

HALL, P. A.; SOSKICE, D. (Ed.). **Varieties of Capitalism**: Institutional Sources of Comparative Advantage. Oxford: Oxford University Press, 2001.

HAYEK, F. A. von. **Desemprego e política monetária**. Rio de Janeiro: J. Olympio/Instituto Liberal, 1985.

HEILBRONER, R. **A história do pensamento econômico**. 6. ed. São Paulo: Nova Cultural, 1996.

HILFERDING, R. **O capital financeiro**. São Paulo: Nova Cultural, 1985.

HIRSCH, J. **Teoria materialista do estado**: processos de transformação do sistema capitalista de estado. Rio de Janeiro: Revan, 2010.

HOBSBAWM, E. J. **A Era das Revoluções**: 1789-1848. São Paulo: Paz e Terra, 2009.

HUNT, E. K. **História do pensamento econômico**: uma perspectiva crítica. Rio de Janeiro: Elsevier, 2005.

JOHNSON, C. **MITI and the Japanese Miracle**. Stanford: Stanford University Press, 1982.

KEYNES, J. M. **A treatise on money**. New York: AMS Press, 1976.

_____. **A teoria geral do emprego, do juro e da moeda**. São Paulo: Abril Cultural, 1983. (Coleção Os Economistas).

KRITSCH, R. Entre o analítico e o prescritivo: disputas em torno dos direitos humanos. **Mediações**, Londrina, v. 15, n. 1, p. 30-53, jan./jun. 2010.

_____. Estado e sociedade civil na teoria política: alguns paradigmas, muitas trajetórias. **Política & Sociedade**, Florianópolis, v. 13, n. 28, set./dez. 2014.

KRUGMAN, P.; WELLS, R. **Macroeconomia**. Rio de Janeiro: Elsevier, 2011.

LÊNIN, V. I. **O Estado e a revolução**. São Paulo: Hucitec, 1978.

_____. **Imperialismo, estágio superior do capitalismo**. São Paulo: Expressão Popular, 2012.

LIST, G. F. **Sistema Nacional de Economia Política**. São Paulo: Nova Cultural, 1986.

LOCKE, J. **Segundo tratado sobre o governo civil**. São Paulo: Abril Cultural, 1978.

LOPREATO, F. L. C. O papel da política fiscal: um exame da visão convencional. **Texto para Discussão**, IE/UNICAMP n. 119, fev. 2006.

LOUREIRO, M. R.; ABRUCIO, F. Democracia e eficiência: a difícil relação entre política e economia no debate contemporâneo. **Rev. Econ. Polit.**, São Paulo, v. 32, n. 4, p. 615-633, out.-dez., 2012. Disponível em: <http://www.scielo.br/pdf/rep/v32n4/05.pdf>. Acesso em: 31 jul. 2019.

MANKIW, N. G. **Macroeconomia**. Rio de Janeiro: LTC, 1995.

MARQUES, E. C. Notas críticas à literatura sobre estado, políticas estatais e atores políticos. **Revista Brasileira de Informação Bibliográfica em Ciências Sociais BIB**, Rio de Janeiro, n. 43, 1997.

MARX, K. **O dezoito brumário de Luís Bonaparte**. São Paulo: Abril, 1974a.

_____. Teses contra Feuerbach. In MARX, K. **Obras selecionadas**. São Paulo: Abril Cultural, 1974b. p. 57-59.

_____. **O capital**: crítica da economia política. São Paulo: Abril Cultural, 1983.

_____. A chamada acumulação primitiva. In: _____. **O capital**: para a crítica da economia política. Livro I. Rio de Janeiro: Civilização Brasileira, 2013. p. 833-885. v. 2.

_____. **Contribuição à crítica da economia política**. São Paulo: WMF M. Fontes, 2011.

MARX, K.; ENGELS, F. **A ideologia alemã**: crítica da mais recente filosofia alemã em seus representantes Feuerbach, B. Bauer e Stirner, e do socialismo alemão em seus diferentes profetas (1845-1846). São Paulo: Boitempo, 2007.

_____. **Manifesto do Partido Comunista**. São Paulo: Boitempo, 2017.

MILIBAND, R. **O estado na sociedade capitalista**. Rio de Janeiro: Zahar, 1972.

MILL, J. S. **Sobre a liberdade e a sujeição das mulheres.**
São Paulo: Penguin Classics/Companhia das Letras, 2017.

MOORE JR., B. **As origens sociais da ditadura e da democracia.**
São Paulo: M. Fontes, 1983.

MORAES, R. **Celso Furtado**: o subdesenvolvimento e as ideias da Cepal. São Paulo: Ática, 1995.

NAPOLEONI, C. **Smith, Ricardo, Marx**: considerações sobre a história do pensamento econômico. Rio de Janeiro: Graal, 1978.

NORTH, D. **Institutions, institutional change and economic performance.** Cambridge: Cambridge University Press, 1990.

NURKSE, R. **Problemas de formação de capital em países subdesenvolvidos.** Rio de Janeiro: Civilização Brasileira, 1957.

OFFE, C. **Problemas estruturais do estado capitalista.** Rio de Janeiro: Tempo Brasileiro, 1984.

PAULANI, L. A crise do regime de acumulação com dominância da valorização financeira e a situação do Brasil. **Estudos Avançados**, v. 23, n. 66, p. 25-39, 2009.

PAULANI, L. M.; BRAGA, M. B. **A nova contabilidade social.**
São Paulo: Saraiva, 2000.

PERISSINOTTO, R. O conceito de Estado desenvolvimentista e sua utilidade para os casos brasileiro e argentino. **Revista de Sociologia e Política**, v. 22, n. 52, p. 59-75, dez. 2014.

PIKETTY, T. **O capital no século XXI.** Rio de Janeiro: Intrínseca, 2014.

POLANYI, K. **A grande transformação**: as origens de nossa época. Rio de Janeiro: Campus, 2000.

_____. **A subsistência do homem e ensaios correlatos.** Rio de Janeiro: Contraponto, 2012.

POULANTZAS. **O Estado, o poder e o socialismo**. Rio de Janeiro: Graal, 1985.

PREBISCH, R. O desenvolvimento econômico da América Latina e alguns de seus principais problemas. In: _____. **O manifesto latino-americano e outros ensaios**. Rio de Janeiro: Contraponto, 2011, p. 95-152.

QUESNAY, F. **Quadro econômico dos fisiocratas**. São Paulo: Nova Cultural, 1996. (Coleção Os Economistas).

RICARDO, D. **Princípios de economia política e tributação**. São Paulo: Abril Cultural, 1974. (Coleção Os Pensadores).

ROSANVALLON, P. **O liberalismo econômico**: história da ideia de mercado. Bauru: Edusc, 2002.

ROSENSTEIN-RODAN, P. N. Problemas de industrialização da Europa Oriental e Sul-Oriental. In: AGARWALA, A. N.; SINGH, S. P. (Org.). **A economia do subdesenvolvimento**. Rio de Janeiro: Forense, 1969. p. 251-262.

SAY, J.-B. **Tratado de economia política**. São Paulo: Abril Cultural, 1982. (Coleção Os Economistas).

SCHUMPETER, J. A. **Capitalismo, socialismo e democracia**. Rio de Janeiro: Fundo de Cultura, 1961.

_____. **Teoria do desenvolvimento econômico**: uma investigação sobre lucros, capital, crédito, juro e o ciclo econômico. Nova Cultural: São Paulo, 1997. (Coleção Os Economistas).

SMITH, A. **Investigação sobre a natureza e as causas da riqueza das nações**. São Paulo: Abril Cultural, 1974. (Coleção Os Pensadores).

STREECK, W. As crises do capitalismo democrático. **Rev. Novos Estudos Cebrap**, n. 92, p. 35-56, mar. 2012.

TAVARES, M. da. C. A retomada da hegemonia norte-americana. In: FIORI, J. L.; TAVARES, M. da C. (Org.). **Poder e dinheiro:** Uma economia política da globalização. Petrópolis: Vozes, 1997. p. 27-54.

THOMPSON, E. P. **A formação da classe operária inglesa.** Rio de Janeiro: Paz e Terra, 1987.

VAROUFAKIS, Y. **O minotauro global:** a verdadeira origem da crise financeira e o futuro da economia global. Tradução de Marcela Werneck. São Paulo: Autonomia Literária, 2016.

VEBLEN, T. The Theory of Leisure Class. **The Collected Works of Thorstein Veblen,** v. 1. London: Routledge/Thoemmes Press, 2004.

WAPSHOTT, N. **Keynes × Hayek:** as origens – e a herança – do maior duelo econômico da história. Rio de Janeiro: Record, 2017.

WEBER, M. **Sociologia.** Tradução de Amélia Cohn e Gabriel Cohn. São Paulo: Ática, 1979.

____. **Economia e sociedade:** fundamentos da sociología compreensiva. Tradução de Regis Barbosa e Karen Elsabe Barbosa. Brasília: UnB, 1999. v. 2.

____. **Conceitos sociológicos fundamentais.** Tradução de Artur Morão. Covilhã: Universidade da Beira Interior, 2010.

____. Parlamentarismo e governo numa Alemanha reconstruída. In: WEBER, M. **Textos selecionados.** São Paulo: Abril Cultural, 1980. p. 3-85. (Coleção Os Pensadores).

Respostas

Capítulo 1

Questões para revisão
1. c
2. a
3. c
4. Os mercantilistas estavam preocupados em entender o que permitiria o aumento da riqueza de determinado país. Como observadores da realidade, perceberam que o comércio era um importante instrumento de acúmulo de riquezas. As práticas comerciais, entretanto, eram marcadas por disputas entre os países, as quais tinham como elemento central o poder político dos Estados. Nesse sentido, o enriquecimento econômico dos países em disputa não podia ser entendido de maneira separada da ação política das monarquias, já que esta mobilizava o respectivo aparato bélico, além de criar medidas protecionistas para favorecer a nascente burguesia mercantil dos respectivos territórios.

5. A centralização política, ao dissolver a fragmentação característica do regime feudal, trouxe, em determinado momento, vantagens para a burguesia mercantil, que pôde beneficiar-se da unificação de territórios, da eliminação de tarifas, do estabelecimento de uma mesma moeda e de um mesmo sistema tributário. Por sua vez, do ponto de vista das monarquias que se fortaleciam, a atividade econômica da burguesia mercantil era uma importante fonte de receitas, o que permitia a expansão do aparato administrativo do Estado e a ampliação de seus exércitos. Nesse sentido, podemos dizer que houve uma confluência de interesses que impulsionou a formação dos modernos Estados nacionais e o desenvolvimento do capitalismo.

Capítulo 2

Questões para revisão
1. d
2. c
3. d
4. Para o pensamento liberal, a sociedade tem uma propensão natural ao intercâmbio de mercadorias. Essa troca generalizada entre os indivíduos, que deve ocorrer de forma livre de qualquer tipo de coerção, é vista como a melhor maneira de organizar a sociedade, garantindo liberdade aos indivíduos e equilíbrio e harmonia sociais. Essa forma de organização social, à qual chamamos de *economia de mercado*, é vista como a maneira mais eficiente de produção de riqueza. Sua lógica, portanto, deve ser garantida, isto é: devemos deixar o livre desenvolvimento das chamadas forças de mercado

operar, eliminando a interferência do poder do Estado (que pode ocorrer por meio da criação de monopólios, da proteção de setores da economia, de subsídios, entre outras ações que, defendem os liberais, serão nocivas e contraproducentes). Desse modo, para os liberais, a interferência do Estado no domínio econômico, mesmo que movida pelo desejo de melhorar as condições de vida da população e produzir riquezas, acarretará o desequilíbrio do sistema econômico e não surtirá os efeitos desejados.
5. A sociedade que Adam Smith descreveu é formada por livres compradores e vendedores de mercadorias. Os preços de mercado dessas mercadorias serão formados pela relação entre a oferta e a demanda de determinado produto. Assim, se uma mercadoria está disponível para a venda em quantidade superior àquela demanda pelos compradores, seu preço vai baixar; e o inverso vai ocorrer se a demanda for superior à oferta. Esse mecanismo de formação de preços, uma vez que seu funcionamento for permitido sem interferências externas, será capaz de regular automaticamente a quantidade de bens que precisam ser produzidos em dada economia.

Capítulo 3

Questões para revisão
1. a
2. c
3. b
4. Para o marxismo, a relação entre o trabalho assalariado e o capital é uma situação inerentemente exploratória e que funciona da seguinte maneira: o capital compra a força de

trabalho por um preço, que é o salário pago ao trabalhador. Esse trabalhador, no ato de produção (no trabalho em si), gera um valor que é incorporado à mercadoria que ele produz e que lhe será subtraída pelo capitalista e vendida no mercado por determinado preço. No final do processo, após a venda da mercadoria, o capitalista obtém uma quantia superior ao custo total que ele teve ao produzir a mercadoria (o custo do maquinário, das instalações e do salário pago ao trabalhador). Essa diferença (a quantia superior) é denominada *lucro*. Para Marx, a origem desse lucro reside na exploração do trabalho assalariado, que, no ato da produção (trabalho), gerou um valor superior àquele que lhe foi pago em forma de salário. Haveria, portanto, um *quantum* de trabalho não pago, que é denominado *mais-valia* e que explica a origem do lucro.

5. Para Marx, a chave para compreender a sociedade está nas relações materiais de produção (infraestrutura). Em virtude do modo de produção capitalista, essas relações se estabelecem de maneira a gerar duas classes essenciais: a burguesia (dona dos meios de produção) e o proletariado (classe produtora das mercadorias). Essas duas classes têm interesses inconciliáveis e contraditórios e, para que a sociedade não degenere em luta, faz-se necessária uma força que aparente estar acima das classes para manter a ordem burguesa. Esta seria a função do Estado: garantir a perpetuação da situação de exploração, atendendo, portanto, aos interesses da classe dominante.

Capítulo 4

Questões para revisão
1. d
2. b
3. E, C, E, C
4. Para Keynes, a economia capitalista teria uma tendência a se desacelerar por conta da insuficiência de demanda, gerando desemprego involuntário. Diante disso, caberia ao Estado agir de forma contracíclica, isto é, revertendo o movimento recessivo e aumentando seu gasto fiscal, o que fomentaria a demanda agregada. Para Hayek, por sua vez, a ação do Estado sob o domínio econômico seria essencialmente contraproducente, gerando desequilíbrio na alocação dos fatores de produção e, posteriormente, inflação e desemprego. Essa divergência teórica orientou boa parte dos debates sobre política econômica ao longo do século XX.
5. A chave para entender a teoria econômica de Keynes está na noção de *expectativas dos empresários* e na noção de *demanda agregada*. Para Keynes, a decisão de investimento do empresário é fundamental para gerar renda na economia. Mas essa decisão dependerá das expectativas de que seu investimento obterá retorno, isto é, se aquilo que ele decidir produzir encontrará compradores no mercado (demanda). Se sua expectativa sobre a demanda for pessimista, o investimento não será realizado e, consequentemente, não haverá geração de renda e dinamismo econômico. Para Schumpeter, por sua vez, o motor que dinamiza o sistema é a inovação do empresário, quem, passando a produzir algo novo (ou de maneira inovadora), produzirá um movimento de migração de outros setores para produzir esse

produto inovador, possibilitando criação e, ao mesmo tempo, a destruição temporária de empregos (destruição criadora).

Capítulo 5

Questões para revisão
1. b
2. e
3. d
4. A crise de 2008, cujo epicentro foi Wall Street, o centro financeiro do capitalismo internacional, revelou dois elementos importantes: (1) a falta de regulação do Estado para as atividades do setor financeiro; e (2) o crescimento acelerado desse setor, que auferia ganhos (lucros e comissões) incomparáveis com os de outros setores. Esses dois elementos (a liberalização e a financeirização da economia) têm sua origem mais imediata nos anos 1970, quando se reconfiguram o sistema capitalista internacional, seu padrão monetário e seus marcos regulatórios.
5. Embora o pensamento econômico liberal defenda o funcionamento do sistema econômico o mais livre possível de interferências externas (como seria a do Estado), o desenvolvimento concreto do sistema demonstrou que a ação pública (Estado) é essencial para a própria preservação e o próprio funcionamento adequado do sistema (alguns manuais de economia justificam essa ação por conta das "falhas de mercado"). Estado e mercado, portanto, são as duas instituições fundamentais do capitalismo. Além disso, não podemos desconsiderar que o mundo social é marcado por conflitos e disputas de poder, de modo que os interesses dominantes e poderosos invariavelmente tentarão influenciar as decisões políticas.

Capítulo 6

Questões para revisão
1. e
2. a
3. b
4. O pensamento liberal entendia que toda a sociedade funcionaria sob a lógica do mercado, isto é, que a lógica da oferta–demanda–preço deveria regular todas as relações, incluindo a terra e o trabalho humanos. No entanto, estes dois últimos não são mercadorias no sentido real do termo. O trabalho, por exemplo, é concebido como mercadoria para o pensamento liberal, mas, na realidade, envolve diversos outros fatores, como necessidades humanas, traços culturais e históricos. Assim, ao tomar toda a sociedade como se ela funcionasse pela lógica do mercado, os liberais estariam cometendo um erro teórico, ao qual Polanyi chamou de *falácia economicista*.
5. A abordagem das expectativas racionais postula que os agentes econômicos agem com base em expectativas sobre o ambiente futuro (o que inclui as ações dos governos). Para agir na economia, esses agentes precisam obter certa previsibilidade sobre cenários futuros. Assim, se o Estado empreende alguma ação na economia, mudando determinada regra, por exemplo, essa previsibilidade será prejudicada e, consequentemente, a economia também o será. Desse modo, caberia ao Estado apenas garantir um ambiente de previsibilidade a esses agentes, o que significa, portanto, evitar mudanças e rupturas de regras e políticas. A ação do Estado na economia, sob esse ponto de vista, produziria, ainda que bem-intencionada, resultados negativos e deveria, portanto, ser evitada.

Felipe Calabrez

Sobre o autor

Felipe Calabrez é doutor em Administração Pública e Governo pela Fundação Getulio Vargas (FGV-SP), mestre em Ciência Política pela Universidade Federal do Paraná (UFPR) e graduado em Ciências Sociais pela Universidade Estadual de Londrina (UEL). É professor do curso de Relações Internacionais das Faculdades Metropolitanas Unidas (FMU) e editor contribuinte do *site* Outras Palavras (<https://outraspalavras.net/>).

Impressão:
Outubro/2019